KB203647

사실은 당연하지 않은 것들

사실은 당연하지 않은 것들

기독교사회윤리학자의 상담일지

백소영 지음

홍성사

프롤로그

제 연구실에는 지푸라기로 짠 네 개의 보관함이
있습니다. 우연히 집 근처 선물 가게에 들렀다가
색깔을 입히고 모양을 만들어 짠 소품이 예뻐서
먼저 하나를 사 왔죠. 위로 뚜껑이 열리는 구조라
자잘한 것을 담기에 적당하겠다 싶었습니다. 처음엔
유치원에 다니는 아이의 양말을 담아둘까 했어요.
그런데 천방지축 아들아이의 동선과 지푸라기로
만든 함은 공존이 어렵더군요. 금세 망가질 듯해
선반 위로 올리고 나니, 문득 다른 용도가
떠올랐습니다. 2005년도 봄학기부터 강단에
섰던 저는 유난히 손편지를 많이 받았어요.
'그래, 편지함으로 쓰면 되겠구나.' 그렇게 받은
편지를 담은 지푸라기 보관함이 어느덧 네 개가
되었습니다.

"그래도 우리 살아요, 살아 내요." 제가 가장 많이 했던
말인가 봐요. '원래 그런 것'은 없다고, 우리에게 사는
힘을 포기하게 만드는 것은 제도든 사람이든 원래
그런 것일 리 없으니 바꿔 나가자고, 임마누엘 하시는
하나님과 동행하며 그렇게 살아내자고……. 강단에
서서 힘차게 말했지만 저 역시 기도조차 나오지
않는 날이 있었어요. 더는 한 발도 걷기 힘들어서
모진 생각이 날 때면, 종종 편지함을 꺼내 제자들의
편지를 읽었습니다. 출근길에는 내 말을 병아리처럼
받아먹으며 일상을 버티는 제자들의 얼굴을,
퇴근길에는 목을 빼고 엄마를 기다릴 아들아이의
얼굴을 떠올리며 그렇게 하루씩 살았습니다. '나의
아이들'은 내가 살아갈 이유였고 동력이었죠.

그래서일까요? 지금은 스물다섯이 된 아들도,
2005년부터 만나온 제자들도 저를 꽤 편히 여겨줍니다.
감정은 전해지기 때문이겠죠. 제 앞에서는 별말을 다
해요. "아, 살 것 같아요." "속이 시원해요." 듣고 있는
제가 당황한 마음을 숨겨야 할 만큼 깊은 이야기들을
거리낌 없이 쏟아냅니다. "힘이 나요." "교수님이 절
살리신 거예요." 분에 넘치는 감사 표현을 듣기도

합니다. 그런데 해가 갈수록 점점 두려워졌습니다. 저리 믿고 말하는데, 나는 저 수많은 '말의 보석들'을 어디에 담아야 하나. 눈을 맞추고 집중하며 내 답을 기다리는데, 행여 저 어린 생명을 잘못 인도하면 어쩌나 하는 마음이 들었기 때문이에요. 연자맷돌을 달고 물속에 빠지는 것이 차라리 나을 선생이 되고 싶지는 않았으니까요.

그렇게 주고받은 이야기의 무게에 겁을 내고 있을 즈음에 홍성사에서 연락이 왔습니다. 청소년, 청년 사역을 담당하는 분들이 모은 기독 청소년과 청년의 고민거리를 정리했다며, 그 질문들에 답이 되는 글을 요청하셨어요. 그런데 그 질문들은 신기하리만치 제가 그동안 만나왔던 제자들의 질문과 닮아 있었습니다. 생각해보니 당연한 일이었습니다. 기독교인이면서 동시대를 살아가는 젊은이들이니, 생애주기나 사회에서 마주치는 갈등이 비슷할 밖에요. 하여 몇몇 제자들에게는 동의를 구했고, 제게 질문한 청소년과 청년들의 사연에는 몇 개의 다른 상담 내용을 엮거나 재구성해서 당사자가 드러나지 않는 방식으로 정리했습니다. 그러니까 편지 속 이름은 실제 이름이 아닙니다. 한 이야기가 한 학생의 사연도 아니고요.
하지만 이 책에 담긴 청소년과 청년들의 사연은 모두
실제입니다.

조금은 더 살았고, 조금은 더 배웠고, 조금은 더
묵상했던 기독교인, 선배, 교수로서 제시한 답이
'정답'은 아닐지라도 이 글을 읽는 이들에게 힘과
위로가 되기를 바랍니다. '아, 나만 이런 고민을 한
것이 아니구나!' 질문과 고민에서 동질성을 발견하며
외롭지 않기를 바랍니다. 그리고 욕심내보는 것은,
부디 이 글을 통해 어른들이 청소년과 청년들의 질문을
편견 없이 마주할 수 있었으면 좋겠습니다. '교수를
오래 하더니 이젠 어른들까지 가르치려 드는구나!'
괘씸하다 여기시기 전에, 여기 소개된 모든 질문이 제
머리가 아닌 '우리 아이들'의 실존에서 나온 것임을
기억해주셨으면 합니다.

삶은 여전히 어렵습니다. 살면서 더욱 또렷하고
명료해지는 답이 있기도 하지만, 그렇지 않은 것이 더
많아집니다. 이 나이쯤 되면 내공이 쌓이고 인격이
깊어져 흔들리지 않을 것 같았는데, 오래 쓴 도자기

그릇에 실금이 가듯 얼마나 견딜 수 있을지 위태롭기도
합니다. 하지만 마지막 숨이 다하는 날까지, 진심으로
마주 보고 듣는 일은 할 수 있을 것 같습니다. 실은
그것이 선생(先生), 먼저 태어난 이의 책무겠지요.
그래서 이 책은 어린 생명에게 계속 믿고 털어놓을
수 있는 어른으로 살겠다는 약속입니다. 그리고 함께
그런 어른으로 살자고 또 다른 어른들을 향해 건네는
초청장입니다.

언 땅이 녹는 이른 봄에

차례

프롤로그 5

죄는 하와가 지었는데 왜 내가 죄인인가요? 12

K장녀, 사는 게 버거워요 24

부자가 되고 싶은 마음이 죄인가요? 36

사람들이 이유 없이 미워요 48

교수님 MBTI는 뭐예요? 60

성서는 왜 여성에게 폭력적이죠? 71

전공보다 '인서울'이 중요하지 않은가요? 83

나는 이제 순결하지 않은가요? 94

내 삶은 엄마를 밀어내는 전쟁이었어요   106

지금 제가 하는 이것은 사랑인가요?   117

성형수술을 하면 더 사랑받을까요?   128

남자다움이 도대체 뭔가요?   139

자살이 사는 것보다 더 쉬운 것 같아요   150

하나님이 정말 계신지 모르겠어요   161

사후세계가 존재하나요?   173

에필로그   185

죄는
하와가 지었는데

왜 내가
죄인인가요?

지현이의 첫인상은 매우 호전적이었어. 내 수업을 들은
것도, 그렇다고 평소에 안면이 있던 사이도 아닌데
느닷없이 연구실 문을 두드리며 들어섰던 날을 기억해.
인사도 없이 너의 첫마디가 그랬잖니. "죄는 하와가
지었는데 왜 내가 죄인인가요?" 가뜩이나 큰 눈을
동그랗게 뜨고, 마치 내가 인류를 모두 죄인으로 만든
장본인이라도 된 양 따지듯 묻는 네 모습에 나도 모르게
한 걸음 뒤로 주춤 물러섰지. 앉으라고 해야 하나
무례하다고 화를 내야 하나 잠시 당황하며 망설이는 동안
너는 연구실로 성큼 들어와 의자를 쑥 빼내어 앉더구나.
교수와 학생 관계를 위계적으로 설정해야 하는 것은
아니지만, 그래도 지금까지의 내 경험상 학생들은 교수를
어려워했거든. 보통 노크를 하고 "교수님, 지금 잠시 시간
있으세요?"라든지 "제가 급하게 상담할 내용이 있는데,

가능하신가요?"와 같이 허락을 구하는 말을 먼저 하지.
그런데 넌 너무 '다짜고짜'였던 거야. 이미 앉아버린 너에게
나가라고 하기에는 네가 너무 화가 나 있는 모습이라,
할 수 없이 마주 앉으면서도 나 역시 조금은 짜증이 났던
게 사실이야. 그때 난 매우 중요한 논문의 뼈대를 구성
중이었고 방해받고 싶지 않았거든.

"이름이 뭐예요? 나는 어떻게 알아요?" 그제야
본인이 너무 성급했다고 생각했는지 네 얼굴이 살짝
붉어지더구나. "아, 저는 송지현이에요. 이 학교 학생은
아니고요." 대박! 우리 학교 학생도 아니었던 거야.
그런데 어떻게 연구실 호수까지 찰떡같이 알고 이렇게
찾아왔을까? 나의 궁금증을 읽어냈는지 곧바로 네가
답하더구나. "교수님은 저를 모르시겠지만, 저는 교수님을
잘 알아요. 유튜브에서 교수님 영상을 많이 보았거든요.
'잘 믿고 잘사는 법'이라는 채널에 올라온 교수님 영상이
여성의 시각을 반영하고 있어서 흥미가 생겼어요. 교수님
영상을 여러 개 찾아봐서 그런지 내적 친밀감이 있어요."
조금씩 화를 가라앉히며 지현이는 자신의 이야기를
풀어냈어.

작년에 만나기 시작한 독실한 크리스천 남자친구 이전에는

기독교와 아무런 연결고리가 없었다고 했지. 처음엔
그저 서로 설레고 좋은, 감정적인 교류가 우선이다 보니
남자친구의 신앙적 배경이 문제가 되지 않았지만, 사귐이
길어지고 서로의 생각이나 가치관을 나누면서 싸움이
잦아졌다고 했어. 지현이는 자신을 페미니스트라고
소개했지. "저는 래디컬 페미니스트예요. 가부장제를
비롯한 모든 여성 억압적 제도들은 사라져야 한다고
믿죠. 그렇다고 남자까지 다 사라져야 한다고 생각하지는
않아요." 남자를 어떻게 사랑할 수 있냐고 말하는 급진적인
동료들과는 달리 지현이는 여성을 온전한 사람으로
바라보는 남자라면 얼마든지 사랑할 수 있다고 생각했어.
그러다가 지금의 남자친구를 만났고, 둘은 서로에게
끌렸고 매일 핑크빛이었지. 그런데 배려 많고 부드럽고
온화한 남자친구가, 이야기하면 할수록 '원죄'니
'죄성'이니 하는 알 수 없는 말들을 쏟아놓더라는 거야.

　　반년이 지난 다음부터는 싸우는 날이 더 많았다면서?
그래서 헤어지기도 몇 번 반복했지. 그런데 영영 안
만나려고 결심하면 또 생각나고, 그래서 다시 만나면 또
싸우고……. 그러다가 2주 전 드디어 둘 다 터져버렸던
거야. 남자친구도 평소 설교하는 태도는 아니었는데,
그날은 무슨 용기인지 페미니즘은 인본주의적

사상이라면서 당장 버리라고 목소리를 높였다고 했어.
더구나 죄를 먼저 가져온 여자의 경우 도덕적으로나
영적으로 남성에 비해 부족한 자질을 가졌기 때문에
남녀관계에서 나서기보다는 남자의 그늘 아래서 사랑받고
지도받아야 한다는, 지현이의 표현에 따르면 '역대 가장
열받는 소리'를 했다고 했지. 나 역시 첫날부터 알아본 대로
그 말을 듣고 가만히 있을 지현이가 아니었어. 지현이는
사람들이 듣거나 말거나 신경도 안 쓰고 거의 실성한
사람처럼 화를 냈지.

　　그런데 늘 지현이의 말에 양보해주고 다정하던
남자친구가 그날따라 한 발도 물러서질 않는 거야. 점점 더
알 수 없는 외계어를 쏟아냈지. 분명히 익숙한 남자친구의
얼굴인데 그런 말을 듣는 동안 너무 낯설어 보였다고 했어.
남자친구는 지현이에게 교만의 죄에 사로잡혀 있다고
했다지? 분노의 영도 함께 치유하자고 했다면서? 내 연구실
문을 박차고 들어올 만했더구나. 결국 열받아서 그동안
숱하게 했던 말 "우리 헤어져"를 선언하고 집에 왔는데,
이대로는 억울해서 '나도 기독교적 언어로 반박해야겠다'
싶어졌다고 했지.

　　"갑자기 교수님이 떠올랐어요. 남자친구가 말하는
대로가 아닌, 뭔가 다른 방식으로 답을 주실 것 같아서요."

16

지현이의 추진력은 대단했어. 내 프로필에서 소속 학교를 찾아내고 직접 교학과를 찾아가 연구실 호수까지 알아낸 거야. 지금은 방학 중이라 매일 출근하지는 않는데 지현이의 운이 좋았던 걸까, 아니면 그 간절함이 하늘에 닿았던 걸까.

그런데 지현아. 네가 남자친구와의 마지막 날을 말하면서 '덤빈다'고 표현하는 걸 나는 놓치지 않았단다. 그 한마디로 둘의 관계 역학이 보였어. 인류 전체가 실존적으로 가지고 있는 죄성에 관한 이야기보다 너와 네 남자친구의 관계에 관한 이야기를 먼저 해야겠다는 생각이 들어. 물론 남자친구가 사용한 언어, 특히나 너에게 교만과 분노라는 사악한 영이 있다고, 그 죄로부터 구원받아야 한다고 했던 말은 부적절했어. 하지만 너의 남자친구가 그런 언어를 선택하게 된 기독교적 배경과는 별도로, 왜 하필 '교만'과 '분노'라는 단어를 선택했는지, 그러니까 너와 남자친구가 평소 어떤 관계 역학 안에 있었는지는 지현이가 찬찬히 돌아보아야 할 것 같아.

　　사랑받는 여자들이 저지르는 실수 중 하나가 자신의 남자친구에게 뭐든 해도 괜찮다고 생각하는 거야. 그것이 '사랑받는 사람의 특권'이라고 여기지. 이제는 고전이

된 〈엽기적인 그녀〉라는 로맨스 영화가 있었어. 이젠 별로 엽기적이라고 생각되지 않을 만큼 시대가 변했지만, 그 영화가 나올 때만 해도 연애 대상으로서의 여성 유형이 상당히 제한적이었거든. 순종형, 청순가련형, 외로워도 슬퍼도 안 우는 캔디형 같은 유형들이 주류였지. 그런데 완전히 제멋대로인, 그리고 남자를 마구 부리는, 그런데도 '사랑스러운' 여자 캐릭터가 등장했어. 여자가 그렇게 제멋대로인 경우 남녀관계가 유지되려면 남자친구는 다 맞춰주어야겠지? 그 영화에 등장한 남자친구는 그야말로 '호구'였어.

　　하지만 지현아, 그런 유형이 페미니스트인 것은 아니란다. 남녀관계에서 주도권을 쟁취하는 것, 난 그것이 페미니즘의 최종 목표라고 생각하지 않아. 오히려 페미니즘 사상이 대중화되는 과정에서 발생한 역기능이라고까지 생각하는 편이야. 너는 스스로 '래디컬 페미니스트'라고 규정했지만, 그 '급진성'은 행동의 과격함이나 관계 안에서의 독점력을 의미하는 것이 아니란다. 영어 'Radical'의 뜻은 어떤 사안이나 시스템, 사상을 뿌리까지 건드릴 만큼 근본적으로 그리고 끝까지 밀고 나가는 걸 의미해. 그러니까 페미니스트가 '래디컬' 하다면 그건 여성을 불평등하게 배치해 왔던 현 시스템을

혁신하겠다는 의미이지, 성질을 부리겠다는 의미가 아니야. 근본을 끝까지 건드리려니 맹렬한 부딪힘이 있게 되는 거고, 그러다 보니 래디컬 페미니스트가 과격해 보인 것뿐이지. 그러니까 근본 의도와 가시적 현상은 구분해야 한다고 봐. 사실 예수님도 매우 '래디컬'하셨어. 타협하지 않으셨지. 형식주의적인 유대교 율법주의가 평범한 유대인들의 신앙을 옥죄고 그들의 자유를 억압하는 것을 보며 그 근간을 뿌리부터 흔드셨던 분이셨지만, 그분의 언행은 부드럽고 온화했지. 그러면서도 죽음 앞에서까지 자신의 급진성을 포기하지 않으셨어.

이런 이야기를 하는 이유는 지현이의 남자친구가 그날 왜 갑자기 전에는 안 하던 성차별적 발언을 지현이에게 했는지 생각해보자는 거야. 어쩌면 지현이의 남자친구는 그동안의 관계 역학에서 누적된 불만이 있었을 수 있어. '내가 남자인데 주도권을 빼앗겼어' 같은 가부장적 사고는 아니었을 거야. 그랬다면 처음부터 주장이 강하고 리드하는 성격인 지현이를 만나지 않았겠지. 내가 보기에 지현이는 둘의 관계 안에서 늘 주도적이었을 거야. 차마 '제멋대로'라는 말을 하기는 어렵지만, 생전 처음 보는 교수인 나에게 하는 행동으로 유추해보아도 그래. 남자친구가 '순종형'이거나 '호구'라면 모를까, 그런 일방적인 모습으로 행동했다면 사랑의 힘으로 맞춰 주면서도 남자친구 입장에서는 힘겨웠을 거야. 이런 이야기를 교회 셀모임이나 친한 신앙 동료, 선후배 혹은 목회자에게 나누었다면 교회 전통 안에서 자란 남자들이 해주었을 법한 조언이란 너무나 뻔하지. 그날 네 남자친구는 평소 안 하던 이야기를, 그것도 목소리를 높여가며 했다면서. 뭔가 외부의 자극이 있었을 거야. 그리고 누적치가 폭발한 거고.

　　핵심은 남자친구가 누구에게서 어떤 말을 들었느냐보다는, 왜 그런 조언을 구했고 왜 '가부장적 전통'에 해당하는 답을 너에게 전달했는지에 있어. 여자의 죄성이 더 깊다는 이야기 말이야. 들은 대로 전하기는 했지만, 너의 남자친구가 진짜 그렇게 생각하는 것은 아닐 수 있어. 겨우 스물세 살 남학생이 동갑내기 연인과의 관계에서 차근차근 쌓였던 불만을 적절하고 유연하게 풀어내기란 어려웠을 거야. 그즈음에 기독교 내부자의 가부장적 논리를 듣게 된 거지. "하와가 먼저 죄를 지었고 죄에 더 취약하다는 건 사실이야!" 냅다 내질렀다는 그 말을 평소 진심으로 믿고 있었다면 그 친구는 너와의 관계 역학에서 늘 군림하려고 했을 거야. 이건 오히려 역으로 생각해주었으면 좋겠어. 번역기를 돌려야 하는 말이지. 둘 사이에 누가 주도권을 잡느냐에 대한 항변이라기보다는, 자신의 의미나 선택이 너에 의해 계속 묵살되었던 것에 대한 속상함이었을 거야. 발화자가 누구인지에 따라 같은 문장도 다른 의미를 전달할 수 있거든.

그런데 지현아, 연인 사이의 관계 역학에서 주고받은 그 말들이 너희의 구체적 관계 안에서 '번역'되어 전달되어야 하는 것과는 별도로, 기독교적 세계관에서 인간은 죄인이라고 말하는 것이 신학적으로 매우 '보편적인' 함의를 담고 있어. 이건 단순히 유전적인 문제가 아니야. 넌 물었지. 죄인은 하와인데 왜 그 유전자가 나에게까지 전달되는 거냐고. 너에게는 낯설겠지만, 창세기를 꼼꼼하게 읽어보면 일단 죄인은 하와만이 아니야. 여자와 남자 모두를 포함하는 사람과 뱀이 죄를 지었고 하나님께 벌을 받았지. 무슨 죄였냐고? 에덴동산에서 하나님께서 금지하신 단 하나의 명령을 어긴 죄였어. 동산 한가운데 있는 나무의 열매는 따 먹지 말라고 하셨거든. 그럼 죽을 거라고. 이 본문의 해석만으로도 긴 이야기라 다 할 수는 없지만 성경에는 인간에게 그걸 따 먹어보라고 부추긴 뱀과 그걸 따 먹은 여자와 남자 모두가 벌을 받았다고 기록되어 있어. 이건 누가 먼저 먹었느냐, 누구의 행동이 더 적극적이었느냐의 문제가 아니야. 오히려 핵심은 왜 하나님께서는 단 하나의 금지 명령을 내리셨고, 인간은 왜 그걸 어겼는가이지.

이 본문은 죄의 유전보다는 인간 속성에 대한 교훈이 담겨 있다고 봐. 신이 아닌 인간은 판단이나 선택에 있어 잘못할 수 있는 유한성이 있거든. '금단의 열매'는 자신의 유한성을 기억하고 삼가는 의미에서 스스로 제한하고 조심하고 경계하는 장치라고 생각하면 좋겠지. 그것 없이 인간은 자칫 신의 경지에까지 이르려 할 테니까. 자신의 유한성을 잊고 신처럼 절대자가 되려는 마음을 기독교 전통에서는 '교만'이라는 악덕으로 교리화했던 거야.

사실 지현이 너의 성격은 분명하고 주장이 강한 것이지 이런 성향 자체를 교만이라고 볼 수는 없어. 교만은 자기주장과 행동을 절대화하고 자기의 질서와 답 안에 타자들을 복속시키려는 것과 연관이 있으니까. 그 지점에서 모든 인간은 교만의 죄를 범할 가능성이 있는 거야. 더구나 그 결과는 무시무시하지. 이 땅의 다른 동물과는 다르게 사람은 생태계를 교란시킬 수도, 다른 생명들에게 위협이 되는 사상이나 시스템을 발명할 수도 있으니까. 그런 인간은 자유와 창조성을 발휘하는 순간마다 자신은 신이 아니라는 것을 기억하고 조심해야 하는데, 이를 잊는 행위를 '교만'이라는 교리적 가치로 설명한 거야. 그런 의미에서 모든 인간은 죄에 빠질 가능성을 항상 경계해야 하는 거지. 지현이가 구별해 주었으면 좋겠어. 남자친구의 접근법이 옳았다는 말은 아니지만, 그래도 이를 통해 둘의 관계 역학과 지현이의 표현 방식을 돌아볼 필요는 있지 않을까? 존재의 흐름이 없이 일방적으로 주장하는 방식으로는 그 주도권이 남자에게 있든 여자에게 있든 건강한 관계가 아니니까.

K장녀,

사는 게
버거워요

은혜야. 기말고사를 마친 지 만 하루도 지나지 않았는데, 곧바로 아르바이트를 하나 더 늘렸다는 네 메시지를 받고 속이 많이 상했단다. 물론 요즘 같은 시절에 일거리가 있는 것 자체가 감사하다는 네 말에는 공감해. 그렇게 긍정적으로 받아들이는 너의 태도도 내가 사랑하는 부분 중 하나지. 하지만 잠시 숨 돌릴 틈도 없이, 너를 돌볼 여유도 없이 그렇게 생존을 위해 계속 몰아붙이는 너의 일상이 선생님 눈에는 안타까움을 넘어 아슬아슬하기도 해.

　　요즘 너희 또래 여자들 사이에서는 'K장녀'라는 말이 유행이더구나. 한국 가부장 사회에서 장녀로 태어나 부모의 기대에 부응하느라 까치발을 들고 남다른 성취를 해내야 하는 부담감, 거기다 줄줄이 아래 동생들을 보살피느라 헌신과 희생은 늘 자기 몫인 대한민국 큰딸의 인성적 특성을 말하는 것이겠지.

한 가정에서 태어난 순서가 인성이나 행동 방식에 미치는 영향은 한국만의 특성은 아니야. 《정의란 무엇인가》 (Justice: What's the Right Thing to Do?)라는 책으로 유명한 마이클 샌델도 하버드 수강생들과 함께 확인한 바 있지. "여러분 중에서 장녀이거나 장남인 사람, 손 들어 보세요." 그 말에 당시 500여 명이 넘는 학생 중 3분의 2 이상이 손을 들더구나. 더 인상적이었던 장면은 그 모습을 보면서 빙긋 웃던 샌델의 반응이었어. "아, 저도 장남입니다." 첫째들의 성취도가 남다른 것은 부모의 기대를 가장 먼저, 더 오래, 집중적으로 받은 까닭일 거야. "네가 잘해야 동생들도 따라 잘하지." 이런 말은 아마 동서고금 모든 첫째가 들어본 말일 거다.

하지만 샌델의 강의실에서 증명되지 못한 부분이 'K장녀'라는 말에 담겨 있어. 바로 그 첫째가 남자가 아니라 여자일 경우, 그리고 그 문화적 상황이 미국이 아니라 한국일 경우지. 때론 동시대를 살아도 개별 가족의 문화적 정서가 다를 수 있단다. 내가 아는 은혜네 집은 아주 전형적인 '20세기 근대 초반 유형'이야. '기독교와 생활윤리' 시간에 이야기해 주었지? 신분제의 동력과 정서는 해체되었는데, 가부장제는 아직 작동하는 시절의 가족역학(Family dynamics)!

태어나면서부터 운명적으로 사회적 자리가 결정되던 신분제가 사라지자, 평범한 서민 가정에서도 자녀 교육에 열심을 내게 되었지. 특히 우리나라의 경우 유교 사회를 막 통과해 온지라 전문가가 되는 교육이나 시험에 따른 자리 배치가 금세 대중의 동의를 얻을 수 있었어. 문제는 서민 가정에서는 전문가가 되는 고등교육을 모든 자녀에게 받게 할 경제적 여건이 없었다는 거지. 'K장녀'라는 말이 가진 특별한 무게와 고단함은 필시 이 상황에서 발생했을 거야. 나이가 제일 많으니 노동력을 제공할 수 있었고, 직공이든 가사도우미든 경제적으로 부모를 도와 남동생들의 대학등록금을 보조할 수 있었으니까. 1960~1970년대에는 그게 일종의 '문화적 당연'이었단다. 샌델의 강의실에서 자신감 뿜뿜, 눈을 반짝이며 손을 들던 여학생들은 이런 문화를 잘 모를 거야.

자녀가 하나나 둘 정도로 줄어들고 중산층 부모가 늘어난 지금은 물론 상황이 다르지. 은혜 친구들도 대부분 'K장녀'라는 말을 들으면 가부장제 가족 역학의 무게보다는 첫째 혹은 외동이라는 위치와 성취의 책임을 더 크게 느낄 테니까. 수업 시간에 배운 '후기-근대(Late-modern) 유형'의 가정 말이다. 칠판에 커다랗게 그렸던 삼각형 구조 생각나지? 전통 사회의 신분제도

삼각형이었는데, 근현대 사회도 실은 크게 다르지
않다고 설명했지. 잠시 다이아몬드형, 그러니까 중산층이
확대되는 모양으로 전개되긴 했지만, 그 구조는 곧
피라미드로 다시 바뀔 거라고 말했어. 그리고 어떤
면에서는 전통 사회의 피라미드보다 더 뾰족한, 아래층에
속한 사람들이 훨씬 더 많은 무시무시한 삼각형으로 변해
갈 거라고 말이다.

　'능력제(Meritocracy)', 네가 처음 들어 본 말이라고
했던 게 기억나는구나. 하지만 요즘엔 학교 밖에서도 종종
들리지? 내가 선견지명이 있었던 것이 아니고 근대의
기획이 그랬던 거야. 다들 '관료제(Bureaucracy)'의 환상에
사로잡혀서, 모두가 열심히 노력하면 '한 자리'를 차지할
거라 생각했던 시절이 있었지. 아주 최근까지도 그랬어.
하지만 모두가 '사무용 책상(Bureau)'에 앉는 직업을 가질
수는 없어. 80~90퍼센트의 구성원에게 '사무용 책상'에
적합한 일자리를 제공할 수 있는 사회도 없고. 그런데도
모두가 '뷰로(Bureau)'를 향해 달려갔고 그 정점을 찍은 것이
세기말 즈음이었어. 바로 네가 태어난 그 시절 말이다. 그
시절 엄마들은 대부분 자녀 교육에 올인했지. 1997년
IMF 이래 처음 들어 본 '비정규직'이라는 고용 형태가
등장하자 엄마들은 경쟁적으로 달렸어. 내 아이는 정규직,

그것도 아주 안정적인 정규직이 되어야 했으니까. 그래서 이즈음에 태어난 장녀의 부담은 장남의 부담과 크게 다르지 않았지. 샌델의 수강생들과 같은 종류의 무게, 그러니까 이 세상이 평가해 주는 능력을 길러 부모의 자랑이 되는 자리에 앉아야 하는 부담감이었단다.

하지만 은혜 네 상황은 달랐지. 네 또래 친구들이 아빠의 재정적 지원과 엄마의 전문적 서포트에 포진되어 압사당할 것 같다고 호소할 때, 넌 제발 그런 지원을 한번 받아 보고 싶다고 울먹였어. '수저계급론'은 사회학자들의 개념어가 아니라 바로 은혜와 같은 삶을 경험하는 친구들의 입에서 나왔던 거야. 너도 그랬지? 심지어 고등학교 3학년 시절에도 손에 단어장을 들고 베이커리에서 아르바이트를 했는데, 그때 제일 괴로웠던 건 통통 붓는 다리나 부족한 공부시간이 아니라 수험생 선물용으로 특별히 만든 케이크와 빵, 초콜릿을 기대 가득한 얼굴로 사 가는 아빠들, 엄마들을 보는 것이었다고 했어. 그렇게 준비된 환경에서 공부만 하면 되는 친구들이 마냥 부러웠다고 말야. 장녀라서 싫은 내색, 지친 내색 한 번 내비치지 못하고 늘 밝은 얼굴로 부모님을 대해야 하는 것이 너무 힘겨웠다고 했어.

너의 그 치열했던 하루하루를 알면서도 사회학자의

냉정함으로 "너의 가정은 유형론적으로는 근대 초기
유형이야"라고 말한 것은 내가 너를 믿기 때문이란다.
내가 널 사랑하는 것을 네가 안다는 믿음, 거시적인 틀에서
자기 자리를 이성적으로 점검하고 성찰하는 일을 네가 잘
해낼 수 있다는 믿음, 그리고 결국엔 제도적 압력으로부터
너 자신을 자유롭게 하고 자기를 잘 부양해 나갈 거라는
믿음이 있기에 할 수 있는 말이었어.

언젠가 네가 물었지. 근대 초기형과 중기형은 어떻게
다르냐고. 가부장적이고 엄격한 아버지와 신앙적인 언어와
행동으로 남편에게 늘 순종하는 어머니 사이에서 항상
힘들었다던 너. 아버지는 툭하면 "여자가"라며 권위로
누르시고 어머니는 "하나님께서는 남녀 간에 질서를
세우셨단다"라며 훈계하셨다고 했지. 그런 은혜 부모님이
중기 유형이 아니라고 했던 이유는 아버지 어머니의
부부 역학에 있어. 전형적인 근대 중기 유형을 '부드러운
가부장제'라고도 불러. 여전히 가부장적 가족 제도이지만
여자를 업신여기지 않는 가부장제라고 할까. 낭만적
사랑의 결실로 결혼을 선택했고, 성별 노동 분업을 통해
전적 외벌이를 하는 남편과 전적 주부 역할을 하는 아내,
그리고 아이들로 이루어진 핵가족 구조가 대부분인데,

보통 남편은 아내에게 군림하지 않는다는 것이 중기 유형의 특성이야. 오히려 아이들 눈에는 엄마가 집안의 실세로 보이지. "우리 아빠는 엄마 말이라면 꼼짝 못해요." 하하, 아마 연애 시절부터 형성된 관계겠지?

하지만 은혜네 집은 친할아버지와 친할머니를 모시고 있다고 했던 걸로 기억해. 물론 확대가족 형태가 근대 초기의 전형적 특징이라는 말은 아니야. 근본적인 특징은 여자를 바라보는 아버지의 시선이야. "당신이 뭘 안다고 나서?" 은혜는 어머니를 찍어 누르는 아버지의 이 말 한마디에 늘 조용히 뒤로 물러서는 어머니 모습을 보고 자랐다고 했어. 이건 매우 전통적인 가부장제적 역학이야. 전혀 '낭만적'이지 않지. 유형론적으로 중기형 관계에서 보이는 '낭만적 부부'는 상호존중과 평등을 전제한 분업이 특징이거든. 이와 비교할 때, 근대 초기 유형에서는 전통 사회의 남존여비(男尊女卑) 사고가 아직 해체되지 않고 남아 있어. 그러니까 21세기를 살아도 만약 아버지가 어머니를 인격적으로나 지적으로 혹은 아예 존재 자체를 무시하는 집안이라면, 그리고 그것을 '당연'으로 여긴다면 그건 유형론적으로는 근대 초기 유형이야.

이런 딱딱한 유형론을 말하는 까닭은 네게 이정표를 주기 위해서야. 네가 속한 공동체의 관계 역학이

문명사적으로 어디쯤인지를 알아야 객관화, 상대화할 수
있고, 가족관계 역학에는 어떤 선택지가 있는지를 알아야
향후 발걸음을 결정할 테니까. 물론 4차 산업혁명을
논하는 최첨단 과학 시대에 "당신의 가정은 근대 초기
유형의 관계 역학을 가지고 있네요"라는 말을 듣는다면
누구나 기분이 나쁘겠지. 하지만 이런 말을 들으면 보통은
자기에게 익숙한 가족 역학을 '비판적 거리'를 두고 한번
돌아보게 되거든. 그때 진지하게 성찰적 사고를 거친
사람들은 수많은 '당연(Taken-for-granted)'이 비로소 운명이
아닌 선택으로 바뀌는 자유를 맛보게 되지. "여자는
당연히 내조를 해야 해." "큰딸은 당연히 살림 밑천이지."
"부모가 힘들거나 아프면 네가 부모 대신이다." 필시 은혜
네가 지고 있던 장녀의 무게는 이런 부분이었을 거야.
그러니 어려운 가정형편을 네 과제로 여기며 기말시험을
치르자마자 곧바로 아르바이트를 하나 더 하겠다는
결정을 했겠지.

하지만 은혜야. 무엇보다 중요한 것은 '자기를 부양하는
삶'이야. 내가 부양해야 하는 가장 일차적인 사람은
나 자신이란다. 부모의 시점에서 가장 먼저 만나고 오래
만나 특별한 사이가 되는 것이 장녀, 장남이라면, 그래서

큰아이로서의 책임이 엄중한 거라면, 하물며 자신에
대한 책임의 무게는 얼마나 무거울까? 스스로 한번
물어보려무나. 너의 시점에서 가장 먼저 만나고 가장
가까이 만나고 가장 오래 만나며 가장 마지막까지 만날
사람은 누구일까? 그래. 바로 너 자신이란다. 자기를
돌아보지도, 돌보지도 않으며 가까운 누군가를 부양하기
위해 내달리는 삶, 중년인 나에게도 버거운 그 무게를
필수과목이요 숙제인 양 당연히 떠안고 하루씩 살아가는
동안 내면의 빛을 잃어 가는 네 모습에 이렇게 선생의
오지랖을 부려 본다.

　　네 가족의 상황이 절실하다는 것을 몰라서 배부른
소리를 하는 게 아니야. 2008년 경제위기 상황에서
아버지의 작은 가게가 문을 닫은 이래로 아버지가
경제활동을 안 하고 계시다는 것, 급한 대로 가리지 않고
일용직 일을 하시던 어머니께서 병을 얻어 누워 계신 것,
네 아래로는 고등학교를 다니는 동생 둘이 있다는 것…….
네가 들려준 이야기는 아프게 내 가슴에 새겨져 있어.
"그래도 아버지가 네 말은 좀 들으시잖니." "언니,
빨리 오면 안 돼? 아빠가 또 이상해." 가부장의 권위와
가정폭력을 혼동하신 아버지 때문에 어머니와 동생들을
위한 방패와 감정받이가 되어버린 너의 정서적 고단함도

33

비수처럼 꽂혀 있단다. 그런 이야기를 할 때마다 너의
맺음말은 늘 그랬어. "하지만 제가 장녀잖아요. 제 몫이죠."

　　그런데 은혜야. "제가 장녀잖아요"라는 말보다
먼저 너 자신에게 해주어야 하는 말이 있단다. "나는
스무 살이잖아." "나는 부모가 아니라 딸이잖아." "나와
동생들은 겨우 두 살 터울일 뿐이잖아." 물론 가족은
공동체이지. 서로 함께 생존하기 위해서 기꺼이 자원과
시간과 에너지를 나누는 공동체. 법으로 규제하지 않고
힘으로 위협하지 않아도 사랑의 이름으로 더 강한 자가,
더 배운 자가, 더 건강한 자가 짐을 더 지는 공동체가
가족이기는 해. 하지만 나를 내어주는 기꺼움은 자기를
잘 돌본 사람이 감당할 때 서로에게 건설적이란다.
교회에서는 예수께서 자신을 내어주심으로 우리를
사랑하셨다는 말로 무조건적 자기희생을 그리스도인이
따라야 하는 덕목이라고 강조하지만, 그건 하나만 본
거야. 예수께서는 그 누구보다도 자기 자신을 잘 부양한
분이셨어. 내가 누구인지, 나는 어떤 일을 해야 가장
나다운지, 무엇보다 누구와 함께하는 시간을 많이 가져야
비로소 나다울 수 있는지 알고 계셨지. 그 우선성과
중요성을 아셨기에 예수께서는 늘 새벽 미명에 홀로
기도할 곳을 찾으셨던 게 아닐까?

사랑하는 은혜, 내 제자가 계속 외부의 힘에 떠밀려 살지 않았으면 좋겠구나. 네 내면의 소리를 듣기 위해 너에게 쉼을 허락했으면 좋겠구나. 그렇게 숨을 돌릴 수 있었으면 좋겠구나. 생계 걱정 없는, 팔자 좋은 교수의 낭만적인 조언이 아니야. 이건 성서의 조언이기도 해. 안식일의 정신은 그것이 핵심이거든. 하나님의 숨결을 받아 생명이 된 우리가 계속 생기발랄하기 위해서는 태초의 숨인 하나님의 숨결을 발견해야 한다는 것, 내 존재 안에서 이를 잘 가꾸어 나가야 한다는 것, 그걸 위해 우리는 제도가 부여한 '당연'들에 잠시 괄호 치고 쉬어야 한다는 것이지. 굳이 멀리 떠날 필요도 없고, 화려하고 멋진 휴양지가 아니어도 된단다. 그저 쫓기듯 밀려가는 너의 일상 속에 가능한 '숨표'를 만들어 보렴. 얼마만큼? 거기에도 네 상황이 있겠지. 하지만 분명한 것은 외부에서 계속 몰아치는 숙제에 눌려 생기를 잃어버리는 것은 우리를 창조하신 그분에게 너무 아픈 일이라는 거야. 엄마가 되고 선생이 되면서 그 마음과 시선을 조금은 배운 것 같다. 그래서 부탁한다 은혜야. 하늘을 보든 나뭇잎을 만지든 아니면 크고 긴 숨을 쉬어 보든 네가 할 수 있는 것부터 오롯이 너만의 시간, 너만의 수행을 찾아보았으면 좋겠다. 자기를 부양하는 삶은 바로 거기서부터 시작하니까.

부자가
되고 싶은
마음이

죄인가요?

"저는 슈퍼카를 적어도 3대쯤 가지고 한강뷰 고급 빌라에서
사는 것이 인생 목표입니다." 수강생들의 가치관을 미리
파악하기 위해서 내주었던 1주차 과제에서 종석이는 아주
뚜렷하게 말했지. 다섯 줄 정도로만 적어 내라고 했던 짧은
에세이에서 이렇게까지 구체적이고 '물질적'인 목표를
적어 낸 친구가 없어서 매우 인상적이었어. 짧게 쓰라고
했을 때 오히려 추상적인 내용으로 기술하는 친구가
많았기 때문이야.

 "저는 하나님께 영광 돌리고 사람들에게 도움이 되는
사회복지사가 되고 싶어요." "청소년들에게 멘토가 되는
삶을 살고 싶어요." 기독교 사학으로서 사회복지학이나
특수교육학이 강점인 학교 특성 때문일까? 아니면
'고전과 기독교'라는 전혀 매력적이지 않은 이름의
교양수업을 굳이 찾아서 듣는 학생들이다 보니 가치관이

남달라서였을까. 대부분의 대답은 상당히 영적이고
이타적이었지. 그래서 너의 대답이 더 도드라졌던 거야.

어쩌면 나 역시 공익과 영적인 것을 지향하는 가치관이
더 고매하다고 생각했던 것 같다. 목사 가정의 큰딸로
태어나서 도움을 주는 사람이 되라는 말을 계속 듣고
자랐고, '헌신' '봉사' '나눔'이 기독교인이 추구해야 하는
가치라고 배워왔으니까. 그래서 나만을 위한 구체적이고
물질적인 목표를 생각해본 적이 없었던 것이 사실이야.
물론 가치관과 목표는 달라. 가치관이란 말 그대로 내가
어디에 가치를 두느냐에 관한 문제이고 이에 따라 내가
목표로 하는 사물이나 사람, 일의 성격이 달라지겠지. 물론
목표가 가치관과 동떨어지기는 힘들어. '돈이 인격이고
실력이고 권력이다'라는 가치관을 가진 사람의 인생
목표는 당연히 자본을 획득하는 실제적인 활동으로 설정될
테니까. 자본이 하나의 '주의'가 된 오늘의 사회에서
물질주의적 가치관을 가진 사람이 더 많겠지. 그런데 정작
나는 수업에서 이런 가치관을 명료하게 드러내는 과제를
읽은 적이 없었던 거야. 그래서 놀랐어.
    그런데 첫 과제보다 더 놀라웠던 것은 미래의 비전이
확실했던 종석이가 수업을 통해 '예수님의 하나님 나라

운동' '희년 사상' '성 프란시스코의 생애'와 같은 것들을
배우며 진지하게 고민하고 성찰하는 모습이었어. 기독교적
울타리 안에서 나고 자란 나는 사실 말로는 희생과 나눔,
영적 가치를 말하지만 정작 자신의 삶은 이기적이고
물질적인 탐욕으로 가득 찬 사람을 꽤 만나왔거든.
예수님께서 보셨으면 필시 "이 외식하는 자들아!" 하고
말씀하셨을 거야. 이사야가 말한 '성전 마당만 밟으러 오는
사람들'이지. 그런데 종석이는 오히려 그 반대였어. 너무나
당당하게 돈 많이 벌어서 플렉스(Flex)하며 살 거라고,
그게 내가 추구하는 가치요 목표라고 밝힌 청년인데 점점
고민에 빠져들고 있었으니까.

　　"교수님, 저는 무신론자이고요. 종교적인 이야기는
한 번도 들어본 적이 없어요." 균형 교양 과목이라서 졸업
전 꼭 하나는 들어야 한다는데, 에브리타임을 보니 교수자
평가가 나쁘지 않아서 생각 없이 들었다는 솔직함과 함께,
네가 매 수업을 마치자마자 길게 보냈던 이메일이 장기간
비대면 강의로 지친 나에게는 활력과 용기를 주었단다.
종석이의 진지한 고민은 나에게 '아, 어쩌면 모든 씨앗이 다
길가에 떨어지는 것은 아닐 거야.' 하는 희망을 주었어.

네 물음처럼 물질적 욕망을 갖는 것 자체가 죄는 아니야.

물론 초기 기독교 전통에서는 '자발적 가난'을 가치 있는
신앙적, 윤리적 선택으로 생각했어. 예수님의 사역
기간은 우리나라의 일제강점기처럼 로마제국의 지배를
받던 때여서 유대인 서민의 삶은 참 고단하고 가난했지.
여기저기 뜯기는 세금을 제때 내지 못하고 산으로
도망쳐서 산도둑 같이 사는 사람들도 생겨났어.
예수께서도 서민 가정에서 나신 분이시고 그들과 친구로
지내셨으니 '물질적 부'나 '사회적 성공'을 가르치실
리가 만무했지. 더구나 공동체적 생존이 중요했던
히브리인들(초기 이스라엘 공동체)에게 상호부조나 자발적
나눔의 가치는 지속적으로 강조되어 온 전통이니
'자발적 가난'에 대한 강조가 갑자기 생긴 것은 아니었어.
다만 내 소유를 남김없이 다 가난한 사람들에게
내어주어야 한다는 강제성은 없었지. 삭개오의 이야기를
보아도 알 수 있어. "주님, 제가 가진 소유의 절반을 팔아
가난한 사람들과 나누어 쓰겠습니다!" 예수님의 복음을
자기 삶에 받아들이며 이렇게 외친 삭개오에게 예수님은
말씀하셨어. "소테리아! 구원이 오늘 이 집에 이르렀다."
(눅 19:1-10 참조) 중간고사 때 이 말의 의미를 이해하는 대로
적어보라고 했는데, 종석이는 참 잘 적었더구나.
　　"그럴 수밖에 없었어요. 저는 그 말이 너무

신기했거든요." 너는 '집'이라는 단어가 건물이 아니라
'독립 생존이 가능한 최소한의 공동체 단위'라는 걸
생각해보지 못했다고 했어. 투자금융 자본주의의 한복판을
살고 있고, 전공마저 글로벌 금융과 관련되어 있다 보니,
너에게 집이란 언제나 투자의 대상이자 자신의 자본
가치를 높이는 지표였다고 했지. 살면서 단 한 번도 집을
건물이 아닌 사람들의 모임으로 생각해 본 적이 없다는 것,
그걸 한 번도 이상하게 여기지 않았다는 것, 그리고 수업을
통해 그걸 생각하게 되었다는 것이 너를 흥분시켰다고
했어. 특별히 가난한 집에서 자란 것도 아니고, 그렇다고
아버지의 사업 실패로 급락한 생활환경에 노출된 경험도
없고, 그냥 평범한 중산층 가정에서 나고 자랐는데 나는
왜 이렇게 물질적 욕망이 강한 건지, 예수와 그를 따르는
사람들은 왜 나와는 다른 가치관을 가지고 살아간 건지, 둘
중 하나가 맞다면 왠지 저쪽 같은데 그럼 나는 왜 틀린 건지
질문들이 생겼다고 했지.

종석이는 어떻게 내가 가진 물질을 기꺼이 남을 위해
나눌 수 있는지, 어떻게 가치를 넘어 그것을 '실천'할 수
있는지 물었어. 그건 너만의 질문은 아닐 거야. 예수님
시절에도 어려운 일이었을 테니까. 오죽했으면 예수께서도
'사람으로는 못 한다'고 말씀하셨겠니. 다만 '아버지께로 난

자' 그러니까 하나님의 뜻을 아는 사람, 그의 영에 고무된
사람은 할 수 있다는 것인데 이 지점에서 네가 형성한
가치와 다른 '관(觀)'이 개입되는 거야.

사람은 기본적으로 이기적이어서 내가 제일 중요하지.
그 자체가 잘못된 것은 아니잖아? 그런데 내가 너무
중요해서 그 이기심 때문에 타인을 해치는 것은
정당하지 않아. 근현대 시민사회의 '계약법'도 이 원리에
기초해서 주장되잖니. 근대 계약법은 나눔을 위한
법체계는 아니었어. 인간의 이기심에 기초해서 내 몫을
지키기 위한 법이었지. 약육강식의 정글 법칙을 사회에
적용한다면 그건 홉스가 말한 '만인의 만인에 대한
투쟁상태'가 될 테니까. 하지만 근대법 안에도 제도화된
나눔의 영역은 있어. 공적 세금과 같은 것들 말이다. 다만
인간의 도덕성에 기초한 합의가 아니라 상호 공존을
위한 합의인 셈이지. 고액소득자가 세금을 더 많이 내고
그걸로 사회취약계층에게 복지혜택을 주는 것 같은 일들
말이다. 이건 호혜의 차원이 아니야. 공존을 위한 일종의
전략이지. 부랑아가 많아지고 생존을 위해 범법행위조차
불사할 사람들이 늘어나면 사회는 안전하지 않을 테니까.
근대법에 기초한 나눔은 궁극적으로는 '나를 위한 것'이야.

하지만 하나님의 시각에서 작동하는 원리는 좀 달라. 이 원리는 모두가 하나님의 자녀라는 기본적인 인식에서 출발해. 최고의 효도는 부모의 뜻을 헤아리는 것이라는 말처럼 부모가 되신 하나님의 시각에서 생각해보라는 거야. 자발적 가난은 누가 할 수 있는 걸까? 여기서 중요한 것은 '자발성'이야. 구조악에 의해서 강요된 가난까지 가치 있다고 말하지 않아. 자발적으로 가난을 선택할 수 있는 사람들은 자기가 살아가는 사회 구조 안에서 적어도 선택지가 있는 사람이야. 그렇지만 꼭 부자여야만 자발적 가난을 선택할 수 있는 것은 아니지. 강요되지 않은 상황에서, 물질적으로는 가난하게 비워내는 삶을 살며 영성을 채우려는 사람은 있을 수 있잖니. 중세 영성 수련가들이 이런 경우였어.

그러나 예수님의 가르침 이후 많은 그리스도인이 실천한 자발적 가난은 비교적 넉넉한 사람들의 기꺼운 소유 나눔을 의미해. 초대 교회에는 유난히 가난한 사람이 많았대. 더구나 기독교가 공식화되기 이전에는 신자들을 향한 사회적 규제가 많았거든. 그리스도인이라는 이유만으로 소유를 빼앗기기도 하고 직장을 잃는 일도 빈번했어. 그런 구성원들을 모두 형제요 자매라고 생각했던 부유한 구성원들이 기꺼이 자신의 소유를 공동체를 위해 내놓았던 거야. 사도행전에는 바나바를 위시해서 자신의 자본을 교회에 드린 사례가 많이 등장해. 그러니까 초대 교회는 '공산주의'가 아니라 '공배주의'였던 셈이지. 얼마를 내놓았든 필요한 만큼 나누어 사용했어. 이런 실천이 지속되었으니 나만을 위해서 물질적 소유를 늘리겠다는 목표는 당연히 기독교적 가치로 정당화되기 힘들었겠지?

종교사회학자 막스 베버가 《프로테스탄티즘의 윤리와 자본주의 정신》(Die protestantische Ethik und der Geistes des Kapitalismus)에서 지적했듯이, 근대 초기 지역과 주체가 맞물린 개신교도들의 경우 부자가 되는 것에 새로운 의미를 부여하기는 했었어. 자발적 가난이 갑자기 평가절하된 것은 아니었지만, '경건한 부자'에 대한 가치가 이를 압도했지. 성실하고 정당하게 돈을 번다면 그 물질적 풍요는 하나님의 축복이니 감사함으로 받으면 된다는 거야. 칼뱅주의자들에 이르러서는 이것을 '구원상태에 있는 징표'라고도 설교했지. 하지만 이는 보편 윤리는 아니었어. 이미 부르주아인 개신교 청중을 향해 굳이 자발적 가난을 실천할 필요가 없음을, 부자가 되어도 하나님의 사랑 안에 있을 수 있음을, 아니 오히려 나아가 이는 하나님 은혜의 결과임을 설명한 것이니까.

물론 핵심적인 단서는 함께 따라왔어. 그 부는 하나님의 영광을 위해서 쓰여야 한다는 것, 그러니까 선교헌금도 하고 구제금으로도 사용해야 한다는 것이지. 칼뱅교도적 부르주아를 베버는 '금욕주의자'라고 보았어. 자신에게는 매우 금욕적인 자본가였기 때문이지. 하나님의 사업을 위해 돈을 더 벌려니 안 써야 했고, 투자금을 확보하려니 저축해야 했고, 가난한 자들에게 자선하려니 자신에게는 인색해야 했지. 그래서 이들을 경건한 부자라고 부른 거야.

이렇게 본다면 종석이의 현재 인생 목표는 자발적 가난 유형에도, 경건한 부자 유형에도 속하지 않는 것이 맞아. 슈퍼카 1대까지는 괜찮지만 3대는 사치고, 강북 단독주택은 괜찮지만 강남 한강뷰는 사치라는 잣대를 들이댈 수는 없어. 이런 것은 상당히 주관적이니까. 삭개오에게 "넌 왜 초대 교회 교인들처럼 백 퍼센트 다 나누지 않았지?"라고 따질 수는 없는 일인 것처럼 말야. 그건 예수님도 비난하지 않으셨던 일이야. 그러니까 종석이가 슈퍼카 3대를 사고 한강뷰 아파트를 소유하는 것은 그 과정이 정당하다면 죄가 아니야. 하지만 요즘의 경제 구조상 이것이 정당하게 성취될 확률이 얼마인지에 관한 이야기는 별도이고 또한 회의적인 문제란다.

다만 그런 부를 누리는 종석이가 자기 소유의 100퍼센트를 오직 자기 자신만을 위해서 사용한다면 그건 하나님 보시기에 안타까운 일일 거야. 물론 나처럼 하나님을 믿는 사람에게만 이런 이야기가 힘을 갖겠지?

성서 본문을 읽다 보면 그저 안타까움을 느끼는 정도가 아니라 상벌의 문제로 언급되는 구절도 많아. 함께 공부했던 '부자와 거지 나사로' 비유처럼 말이야. 부자가 특별히 악한 행동을 한 것은 아니었어. 다만 비단옷을 입고 매일 기름진 음식이 넘쳐나는 잔치를 즐기는 동안 자기 문 앞에서 굶주리고 고생하는 나사로를 지나쳤던 것, 그것이 지옥에 갈 만한 악한 일이라고 묘사되지. 하지만 난 천국과 지옥 교리로 이제 막 자신만을 위한 물질적 목표에 의문을 가지게 된 종석이를 위협할 생각은 없어. 나는 오히려 수업을 들으며 괴로웠다는 종석이의 마음이 더 귀하단다.

슈퍼카 3대와 한강뷰 빌라! 그 목표를 읽었을 때도 비난하는 마음은 없었어. 그저 나는 살면서 상상으로라도 생각해보지 못했던 아주 구체적인 물질이 인생 목표로 등장하는 시대를 살고 있구나, 그런 생각을 했지. 우리가 사는 시대적 욕망이니까. 다만, 그것이 너에게 목표일지언정 가치는 아니었으면 해. 적어도 선생님과

한 학기, 이렇게 스쳐 지나가는 만남을 통해 이것만큼은
기억해주었으면 좋겠구나. 십분의 일이 되었든 백분의
일이 되었든, 그렇게 정해놓기 부담스러우면 '마음이
기꺼운 만큼'이라는 다소 융통성 있는 제한이라도
너의 소유를 누군가와 나누겠다는 마음을 가치 있게
여겨주었으면 좋겠어. 신을 믿지 않는다는 너에게 그것이
여호와 하나님의 뜻이라고 밀어붙이기에는 무리가
있겠지만, 언젠가 너의 날들 가운데 그 기꺼운 마음을
주시는 하나님을 만날 수 있다면 좋겠구나.

사람들이

이유 없이
미워요

"사람들이 이유 없이 미워요." 그럴 리가요. 찬찬히 살펴보면 이유는 있어요. 내 앞에 마주한 그가, 혹은 방금 스쳐간 익명의 타인이 그 이유를 직접적으로 제공했다면 당신은 자신의 미운 감정에 그렇게 당황하지 않았겠지요. "넌 항상 그런 식이야. 내 말을 무시하고, 중간에 자르고 결국 네 말만 하잖아!" "왜 내 어깨를 치고 가면서 사과를 하지 않죠?" 기분 상한 이유를 분명히 대며 상대방에게 당신의 심정을 말했을 거예요. 하지만 그가 딱히 미울 이유를 제공하지 않았는데도 밉다면 당신은 그 원인을 상대방이 아닌 자신에게서 찾게 되기 쉽습니다. 내 품성이나 기질이 부정적이기 때문이라고요. 하지만 자기 자신을 한번 잘 살펴보세요. 당신은 저렇게 구체적인 상황에서 기분 상한 이유를 곧바로 상대방에게 말하는 사람인가요? 당신이 매우 내성적인 사람이라면, 관계상

그렇게 얼른 내 마음을 드러내기 어려운 사이라면, 당장은
그런 마음이 들지 않아서 넘어갔다가 뒤에야 속상했다면,
그런 상한 심정은 내 안에 차곡차곡 쌓이기 마련이죠.
사람들을 향한 이유 없는 미움은 사실 이미 만났던 많은
사람과의 관계망에서 이유 '있는' 미움이 해결되지 않은 채
당신 안에 가득 차 있기 때문일 거예요.

　　아, 그래서 당신 탓이라는 것은 아니에요. 어찌 보면
당신은 아주 깊게, 아주 오래 사람들로부터 내상을 입은
피해자죠. 피할 수 없는 관계망 속에서 당신은 계속 당신의
바운더리(존재의 경계, 윤곽)를 건드리고 침범하고 조정하려는
사람들을 만났을 거예요. "회사에서 지원금도 주고
성과점수에도 반영되는데 왜 사내클럽을 만들지 않죠?"
늘 웃는 얼굴로 마지막 남은 클럽 미가입자 세 사람을
권고하던 행복지원센터 팀장은 마침내 '해방클럽'의
네 번째 멤버가 되었죠. 많은 공감을 얻었던 드라마 〈나의
해방일지〉 이야기예요. 사내 직원들의 행복을 지원하는
센터의 팀장이라는 직급 때문에 늘 웃어야 했던 그녀는
장례식장에서도 입꼬리가 자꾸 올라간다며 자신의
'얽매임'을 고백했어요. 우리는 강요된 친절, 타인이 정한
행동 방식에 얽매여서 매일매일을 버텨내죠. 그러는
동안 내 방식대로 표현하지 못한 작은 감정들이 차곡차곡

쌓여 응어리지고, 어느덧 이름을 붙일 수 있을 만큼의
존재감으로 나의 내면을 차지하게 된 거예요. 결국 당신이
갖게 된 불특정 다수를 향한, 그냥 사람이라서 미운 그
감정은 어쩌면 나의 경계를 지키기 위한 방어기제인지도
몰라요.

제자들의 질문지 사이에서 이름도, 얼굴도 모르는 당신의
질문을 만났어요. 당신은 정확히 이렇게 적었죠. "사람들이
이유 없이 밉습니다. 그리고 제 안에 있는 분노가 터져
나올 때면 참을 수가 없어요. 어떻게 해야 할까요?" 이럴
땐 상담가의 환경이 조금 부럽기도 해요. 질문을 던진
분을 대면하여 그의 서사를 충분히 들을 수 있으니까요.
당신의 상황을 알지도 못하면서 제 이야기로 시작하는
것은 위험하죠. 당신도 나와 같을 거라는 섣부른 판단을
하게 되거나, 내가 내린 답으로 함부로 당신을 조정하려
들 수 있으니까요. 그러나 저는 당신의 구체적인 상황을
알지 못하기에 오늘도 제 이야기를 나누며 실타래를
풀어봅니다.

　　요즘 저는 '내 마음 살피기'를 집중적으로 하고
있어요. 50년이 넘도록 내 마음을 헤아리지 못한 결과 저는
병이 들었거든요. 신앙으로, 기도로, 믿음으로, 사랑과

용서로 다 극복하고 해결될 수 있으리라 생각했는데, 그런 정신 승리를 정작 제 몸은 용납해주질 않더군요. 일단 먹거리가 들어가면 소화가 안 되었어요. 꼭꼭 오래 씹어 먹어도, 유동식으로 바꿔도 계속 소화불량이라 소화제를 달고 살았죠. 그래도 버텼어요. 미움이라는 감정이 윤리학을 하는 그리스도인에게 허용되지 않은 감정이라고 판단하고, 일상에서 마주치는 미움을 유발하는 상황들을 그냥 꿀꺽꿀꺽 삼키기만 했죠. 신기하죠? 내 의지도, 마음도, 영혼도 계속 삼키라고 하는데 어느 순간이 되니 몸이 거부를 하더라고요. 처음엔 위장이, 그다음에 소장, 대장, 간, 췌장, 부신……. 제가 받은 진단은 총체적인 장기부전이었어요. 너무 골고루, 서서히 기능이 저하되고 있어서 어느 하나에 집중하여 치료하기 어렵대요. 신장에 대해서는 특별한 경고를 받았죠. 지금보다 5퍼센트 더 떨어지면 투석을 해야 하고, 그보다 더 떨어지면 이식을 해야 할 거라고요.

　　의사들은 원인을 모르겠다고 하지만, 저는 알 것 같아요. 제게 전문지식이 있어서가 아니라 제 삶을 가장 잘 아는 사람이기 때문이죠. 그래서 저는 '나만의 치유법'을 시작했어요. 지금의 내 감정과 상태로부터 거슬러 역으로 바꿔 나가는 거죠. 일단 이유 없이 사람이 싫다면

(그러니까 저도 그랬던 거예요) 가능한 사람 만나는 일을 피해 보았어요. 물론 한 번에 모든 사람을 피할 수는 없죠. 그러려면 "나는 자연인이다!"라고 외치며 산이나 바다로 가야 하니까요. 상황은 그럴 수 없지만 자연인처럼 살고 싶은 사람이 얼마나 많으면 그 프로그램이 그렇게나 인기가 있겠어요? 사실 저도 애청자랍니다. 하하, 맞아요. 저는 직업 특성상 사람을 많이 만나요. 그래도 제가 줄일 수 있는 만남을 최대한 줄이고 있어요. 편한 사람, 친한 사람 위주로 관계를 좁히라는 조언을 듣기도 했지만, 그건 저의 해답은 아니었어요. 본성인지 훈련된 태도인지는 몰라도 저는 일단 사람을 만나면 상대방을 살피고 그에게 맞추려 해요. 그 덕분에 칭찬받고 살았지만, 아이러니하게도 그래서 더 사람 만나기가 싫었어요. 사람을 만난다는 것은 결국 내가 나로 존재하기 어려울 만큼 끊임없이 타인에게 맞춰주어야 한다는 걸 의미했으니까요. 그래서 안 만나도 되는 사람들은 가능한 피했죠.

둘째로, 어쩔 수 없이 만나야 하는 사람들에게 더 이상 맞춰주지 않았어요. 퉁명스럽게 굴었다는 것은 아니에요. 불편하고 속상하고 화가 나는 상황이 생길 때마다 이런 상황에서 내가 왜 마음을 다치는지 구체적으로 설명했어요. 어쩌면 저에게 이 질문을 던진

당신은 아직 이 두 번째 선택이 불가능한 환경에 놓여 있을
수도 있겠다는 생각이 들어요. 내가 타인에게 맞춰주지
않는 결단을 하는 순간, 직장이나 친구를 잃고 불리한
배치에 놓일 수 있으니까요. 제가 이런 선택을 할 수 있는
것은 그들을 잃어도 나는 생존이 가능하기 때문일
거예요. 나를 솔직하게 드러내면 어느 정도 불리해지는
건 사실이에요. 요즘 제 주변은 난리랍니다. 55년을 함께
했던 친정 가족도, 25년을 함께 했던 시집 식구도, 그리고
오랜 친구들도 다 제게 놀라고 있어요. "얘가 아프더니 성격
버렸다." 이게 그들의 진단인데요, 사실 이제야 내 마음을
솔직하게 말하고 있는 거예요. 더는 참지 않고 제 의미를
공동체 안에서 발화하고 있는 거지요. 결과가 좋냐고요?
천만에요. 네가 그럴 줄은 몰랐다며 화를 내고 돌아선
친구도 있고요, 냉랭하게 본인의 불편함을 온 존재로
드러내는 지인들도 많아졌어요. 하지만 서서히 관계가
재조정되기 시작하더라고요. 영영 떠나버린 사람들도
있지만, 나의 존재를 소중하게 생각했던 사람들은 이런 제
낯선 모습에 변하려는 노력을 하더군요. "네가 그렇게
생각하는지 몰랐다." "정말 네 입장을 전혀 고려하지 않고
한 행동이었구나."

구체적인 사례를 몰라 얼른 다가오지 않는다고요?

비교적 성공 사례이니 하나만 말해볼게요. 저는 목회자 집안의 큰딸이에요. 부모님은 여러모로 저에게 의지하셨죠. 또래보다 머리 하나가 클 만큼 성장속도가 빠르고 마음쓰기, 머리쓰기가 다 빨랐던 저는 부모님에게 자랑이었어요. "애 같지가 않아." "어쩜 저렇게 철이 들었어요?" 이런 말을 지인들에게서 자주 들었죠. 전 어려서부터 그게 칭찬이라고 생각했고, 더 애 같지 않으려고, 더 철이 들려고 노력했어요. 그래서 저에겐 어린 시절이 없어요. "어머나 세상에! 박사학위 종합시험을 보는 중에 아버지 환갑이라고 들어온 거예요? 효녀네 효녀." 사람들은 칭찬했지만, 빠진 구성원 없이 가족사진을 '완벽하게' 완성하려는 부모님의 꿈을 위해 저는 없는 살림에다 시험 중이었는데도 손에는 다음 시험을 위한 공부 자료를 들고 3일 일정으로 미국에서 한국행 비행기를 탔어요. 저는 그렇게 한국을 다녀간 뒤에도 한 번에 모든 시험에 합격하는 딸이어야 했으니까요. 실은 그 유학이라는 것도 이상과 믿음만 가지신 부모님의 뜻을 이루어드리느라 빈손으로 홀로 간 것이었죠. "우리 애는 그런 애예요." 이것저것 다하며 뛰는 딸을 누군가 칭찬할 때면 부모님은 늘 그렇게 으쓱, 말씀하셨어요. 남편의 실직 이후 혼자서 생계형 노동을 하며 뛰던 즈음에는

친정아버지 팔순이 있었죠. 어머니는 당신이 그리는
아름답고 완벽한 팔순 잔치의 풍경을 제게 말씀하셨어요.
그리고 저는 또 그걸 현실로 만들어낼 자금을 확보하느라
일의 분량을 더 늘려야 했죠. 자가면역성 간염으로 이미
'쉼'을 처방받았던 때였어요.

　　부모님이 너무하셨다고요? 이건 성공사례라고
했잖아요. 실체화되는 것이 두려워서 조각내 꼭꼭
숨겨두었던 감정이 2년쯤 전에 폭발했어요. 제 안에
차곡차곡 쌓인 미움은 '분노'라는 감정으로 마구 쏟아져
나왔죠. 짐승 같았어요. 그때 양배추랑 당근만 겨우
소화하고 있었을 때였는데, 들고 있던 당근으로 갈비뼈가
몇 개 부러질 만큼 제 가슴을 마구 찍어가며 소리쳤어요.
너무 놀란 부모님은 처음엔 제가 아파서 실성을 했다고
생각하셨죠. 하지만 이후로도 기회가 될 때마다 저는 제
감정을 풀어냈어요. 처음에는 부정과 합리화로 반응하시던
부모님은 이제는 적어도 지적하지 않고 일단 제 이야기를
들으려고 노력하시죠. 물론 듣는 행위가 곧바로 동의로
이어지는 건 아니지만요. 그렇게 제가 속한 가장 오래된
공동체가 한바탕의 진통 끝에 서서히 관계의 재조정을
통과하고 있다는 말입니다. 그러니까 정말 중요한 두 번째
단계는 "나는 그렇게 생각하지 않아." "당신은 나에게

무례했어요." "나를 그런 방식으로 규정하지 말아요."
이렇게 불편해질 것을 무릅쓰고 내 의미를 사람들
사이에서 내어놓는 겁니다.

물론 결과적으로 돌아오는 것이 화해든 결별이든
각오는 해야 해요. 만약 화해가 진행된다면 시간이 걸릴
수밖에 없음을 인정해야 하고요. 그렇게 '보이는 대상'과
이유 있는 투쟁을 해야만 사람 일반에 대한 이유 없는
분노가 사라질 수 있어요. 어디에 숨어 있었는지 줄기를
잡아당겼더니 줄줄이 딸려 나오는 알 굵은 감자들처럼,
별것 아닌 듯한 순간에 갑자기 터져 나온 분노는 분명
누적치의 발산이니까요. 어디서부터 얼마나 그리고 누구에
의해 그런 누적치가 생겼는지를 살피는 것은 매우 어렵고
치열한 시간이에요. 한참을 산 저조차도 이제 막 시작했고
아직도 지속하고 있는 작업이라고 고백하는 겁니다.
혈연을 추적해 가계도를 그리고 사상의 기원을 추적하며
계보학을 살피는 것처럼 내 압축된 분노 역시 고대의
유물을 발굴하듯 조심스럽게 붓질을 해야 해요.

하지만 모든 사람이 관계를 재설정할 능력을
가지는 것은 아니에요. 건강하게 관계하기 위해 시도한
갈등이 결국 결별이라는 결론으로 이어지기 쉽죠. 하지만
그것조차 각오해야 하는 것 같아요. '멱살 잡고 끌고 간다'

는 표현이 있죠? 요즘 젊은이들이 잘 쓰는 말이던데. 그
말처럼 관계를 나 혼자 참고, 버티고, 희생하며 끌고 갈
수는 없어요. 어쩌면 내가 나에게 솔직했다는 이유로 피를
철철 흘리며 상처 입은 채 혼자 남겨질 수도 있죠.

그래서 세 번째 단계가 필요한데요, 행여 모든 관계가
다 사라지고 나만 홀로 남는다 해도 그리스도인이라면
사실 괜찮아요. 가만히, 고요히 상처 입은 나의 내면을
살피며 기도하다 보면(앉아 있을 기운이 없으면 누워서라도)
어느덧 성령님이 살며시 들어와 채워주시기 때문이죠.
앞서 언급했던 드라마에 '추앙' '채움' '환대'라는 말이
등장해서 한동안 유행을 했었죠? 채워진 사람만 환대할 수
있어요. 그 드라마의 주인공들처럼 서로를 채워줄 사람을
만난다면 그건 축복이고 기적이겠죠. 하지만 생각보다
쉽지 않답니다. 그래도 우리는 채워지는 근원의 힘을
가지고 있으니 얼마나 다행이에요. 그 힘이 채워지면
비로소 나를 지키면서도 타인을 환대할 수 있게 되니까요.
우리, 오늘 하루 내가 만나는 사람들에게 줄 만큼의
사랑과 환대의 힘을 성령께서 채워주시기를 기도해요.
오늘 채워주신 에너지를 다 썼는데 또 사람들이 밀려오면
어쩌냐고요? 그럼 온 힘을 다해서 도망쳐요. 나와 성령님만
있는 곳으로. 그건 비겁한 게 아니에요. 내가 충만해질

때까지 잠시 '작전상 후퇴'를 하는 거예요. 성자가 못 되는 평범한 우리는 결국 이렇게 하루씩 주시는 힘으로 은혜 가운데 살아내는 것 같아요.

교수님

MBTI는
뭐예요?

2년을 비대면으로, 그러니까 화상으로만 만나다가
처음 '입체적인' 얼굴로 만났던 첫날에 예솔이 너는
대뜸 나의 MBTI를 물었지. 다행히 MBTI에 관심이 무척
많은 아들 성화에 유형 검사를 매우 싫어하는 내가 막
내 유형을 알게 되었을 즈음이었어. "나는 INTJ." 그 말에
너는 박장대소를 하며 웃었어. "대박! 교수님, 저랑 완전
반대예요. 저는 ESFP거든요!" 이렇게 대화의 주도권을
빼앗긴(?) 뒤에 나는 잠시 당황했단다. 전공 적합성 상담을
위해 연구실로 부른 것이니, 너의 이야기를 살리면서도
네가 무안하지 않게, 어떻게 자연스럽게 전공 이야기로
이끌어갈 수 있을까를 생각했어. 하긴 이런 생각을 하고
있다는 자체가 감정형보다는 논리형으로 분류하는 것이
맞겠다.

요즘 MBTI가 청소년과 청년 사이에서 인기라지? 내가
예솔이 나이었던 시절에는 유형론이라 해봐야 혈액형과
성격을 연관 지어 분류하는 정도였어. 예를 들어 B형
남자는 A형 여자랑 잘 어울린다든가 하는 것 말야. B형은
비교적 이성적이고 자기 주도적이고 승부욕이 강한
진취적 성격이라 공적 세계에서 리더십을 보여야 하는
상황에 고무적이라는 거야. 반면 소심하고 섬세하고
감수성이 풍부한 A형은 여자가 그런 성향을 가질 때 가장
무난하다고들 여겼지. 친정어머니도 자주 그런 말씀을
하셨어. "우리 집이 딱 B형 남자랑 A형 여자가 결혼한
경우잖니." 아버지는 어머니에게 뭘 먹고 싶냐고 묻기보다
아버지 생각에 좋은 음식을 그냥 입에 넣어주셨고,
어머니는 한 번도 싫다는 말 없이 잘 받아 드셨어.
정 먹기 싫으면 한나절을 물고 계셨지. 그래서였을까?
친정어머니는 혈액형에 따른 성격 분류를 꽤 신뢰하셨어.
늘 내게 말씀하셨지. 너는 AB형이라서 성격이 변덕맞다고.
하루에도 열두 번씩 변한다고 말이야.

　　　정말 그랬냐고? 하하, 지금 생각하면 어려서부터
그런 이야기를 들으며 '그래도 된다'고 생각했던 것 같아.
일종의 허가증이랄까? 물론 사람마다 타고난 기질이나
성향이 같지 않기에 각자 특수성이 있는 것은 분명하지.

하지만 누구나 변덕을 부리고 싶은 순간은 있을 텐데, 그럴 때 "넌 원래 감정이 잘 변하는 애잖니"라는 말을 듣는다면, 그것도 꽤 허용적인 상황에서 그런 내면화를 하게 된다면 자신도 모르게 그렇게 믿고 행동하게 되는 것 같아. 하지만 나의 '변덕'은 귀여움이나 매력으로 보일 때 허용되는 것이지 내가 결정하는 것이 아니라는 것을 나는 이십 대 중반 즈음에 알아버렸단다. 내 변덕은 상대방이 즐겁게 허용하는 정도까지였어. 빈도수나 정도에 있어서 모두 그랬지. 내가 AB형인 것과는 아무런 상관이 없는 일이었단다.

결혼 후에는 더욱 그랬던 것 같아. 나는 모두가 O형인 집안으로 시집을 갔단다. O형은 사교적이고 둥글둥글하며 매우 무난한 성격이라고들 했었어. 너도나도 유행처럼 말하니 그런가 보다 했던 혈액형 유형론을 벗어난 것은 시집살이를 통해서였지. 우와, O형 남편의 변덕은 그야말로 상상 그 이상이었어. 그리고 그 변덕은 시집 가족들에게 모두 받아들여지고 있었지. 글쎄 그걸 변덕이라고 불러야 하는지 모르겠지만, 시집 구성원 모두가 빈번하게 자기중심적으로 바꾸는 의사결정들이 서로 충돌하고, 나는 결정된 대로 따라야 하는 배치에 놓여 있다 보니 하루에도 열두 번씩 내 의도와 다르게 상황이 바뀌었어. 그 속에서 나는 어느덧 매우 항상성 있는 사람이 되어 있더구나. 그제야 성찰적으로 묻게 되었지. 나는 과연 기질적으로 변덕이 심한가?

　조금 더 생각해보니 어린 시절에조차 내가 무슨 변덕을 부렸던 건지 잘 모르겠더구나. 내가 변덕쟁이라는 어머니의 말씀에 그런가 보다 했고, 자잘한 변덕을 부렸던 것도 같지만 크게 기억날 만한 것들은 없네. 초등학생이던 시절, 길이마저 어머니가 정해주셨던 그 긴 머리를 땋을지 묶을지 풀지도 모두 어머니가 결정하셨고, 내가 입는 옷조차 결정권은 어머니에게 있었으니까. 대학 입학식에도, 첫 축제 행사에도, 난 머리부터 발끝까지 어머니가 입혀준 그대로 입고 나갔었는걸. 지금까지도 만나고 있는 친한 대학 동기 둘은 같은 과라 입학식장에서 근처에 앉아 있었는데 내 뒷모습을 보고 하도 신기해서 따라왔다가 절친이 되었지. "이제 와서 말하지만, 그날 너 완전 웃겼어. 어떻게 머리부터 발끝까지 초록색으로 깔맞춤을 할 수 있지?" 그날 난 어머니가 낡은 외투를 뜯어서 만들어주신 초록색 겉옷에, 같은 옷감 자투리 천으로 만든 커다란 리본을 머리에 달고, 어디서 그렇게나 같은 색감의 구두를 사 오셨는지 동대문표 납작 구두를 신고 입학식에 갔었어. 그러니까 곰곰이 따지고 보면 난

64

별로 변덕을 부린 적이 없었던 거야.

　6년을 사귄 남자친구와 결혼을 하고 싶었지만 완강한 부모님의 반대에 어쩔 수 없이 눈물 바람으로 헤어지고 온 날, 나는 기왕 이렇게 된 김에 부모님 마음이라도 편하게 해드리자 싶어서 밝은 얼굴로 문을 열고 들어가며 연기를 했지. "헤어지길 잘했어. 엄마, 아빠! 말려줘서 고마워요." 그때 함박웃음을 지으며 어머니께서 그러셨어. "아유, 저것 봐요. 쟤 변덕은 알아줘야 해." 그러니까 생각해 보면 내 변덕은 아주 가끔씩 나의 의미를 불쑥 내어 놓았다가 거절당할 때, 상대에게 맞추기 위해 다시 내 본심을 접는 방식으로 바뀌었던 일종의 화해 기제 같은 것이었나 봐.

　이런 사적인 이야기를 늘어놓는 이유는, 결국 모든 유형론은 사회적, 관계적 허용이나 평가 기준일 뿐이지 궁극적으로 우리의 인성을 결정하고 제한하는 기준이 되지 못한다는 거야. 시댁에서 나는 변덕은커녕 우직하고, 잘 참고, 끝까지 버티는 웅녀쯤으로 여겨지고 있거든. 그건 상황이 만든 성품이지. 누군가는 마음을 바꾸지 않고 의사결정을 신중하게 하며 지속성을 가지고 공동체를 유지해야 했으니까. 결국 인성도 절대적으로 타고나는 것이기보다는 살아가면서 놓이는 상황을 통해 만들어진다는 말을 하고 싶은 거란다.

이런 이야기들을 너에게 하고 있었던 즈음이었지.

난 심리분석 전문가도 아니고, 그저 요즘 유행하는 유형론이라는 것에 스스로를 가두지 말자는 이야기를 하기 위해 내 이야기들을 조금 하고 있던 참이었어. 난 갑자기 울음을 터뜨려버린 예솔이 때문에 한 번 더 당황했단다. "아, 교수님. 저는 언제나 밝고 외향적이고 적극적이고 활발해야 한다고 생각했던 것 같아요." 늦게 결혼하신 부모님의 늦둥이 외동딸인 예솔이는 집안의 재롱둥이로서 늘 한껏 상기되어 에너지를 발산해야 한다고 믿으며 살아왔던 것 같다고, 이유를 몰랐던 내면의 억압감과 버거움이 이것이었던 것 같다고 토로했지. "저는요, 남자친구를 사귈 때도 우리 집과 그 친구 집 사이의 거리를 생각하게 돼요. 저녁에는 부모님이랑 식사해야 하니까, 남자친구와 헤어진 후의 이동 거리를 계산하고 있는 거예요. 저도 이유를 몰랐어요. 그게 실제로 방해요건이 되기도 전에 제 머리로는 자꾸 그런 계산을 하고 있는 거예요."

이쯤 되었을 때 난 어떻게든 전공적합성으로 이야기를 끌어오려는 마음을 접었단다. '그래, 이렇게 짧은 시간에 깊은 이야기를 털어 놓아준 제자의 소중한 마음에

상응하는 도움을 주어야지.' 그런 생각이 들었어. 글쎄 그것도 분석형이기 때문이라고 해야 하나? 하지만 그렇게 짜 맞추기는 싫더구나.

인문·사회학적인 '유형론(typology)'이라는 것이 그래. 사회 현상이나 인간 군상을 이론적으로 분석하고 평가하기 위해 분류하고 범주화하는 작업은 필요하지만, 개별 개체는 언제나 한 유형 안에 갇히지 않지. 하물며 한 사람의 성향이나 성격이 어떻게 한 유형 안에 갇히겠니. 그래서 MBTI도 오랜 후에 다시 해보면 유형이 바뀌어 나오기도 한다면서? 늘 말해왔듯이 인간에게는 '제도적 감정'이 지배적으로 작용하기 때문이야. 수행성(Performativity)이 주는 변화도 있고! 타고난 기질에 더하여 이런 모든 것이 복합적으로 작용한 결과물이 결국 인성이고 개성인 건데, 어떻게 그것이 이미 고착된 유형론 안에 갇힐 수 있겠니.

하지만 사람들은, 특히나 현대인들은 데이터로 분석되고 눈에 보이는 자료로 사람을 평가하는 데 익숙해. 그래서 직업 적성 테스트나 성격 테스트 등 온갖 테스트가 난무하지. 그것을 근거로 자기소개서도 쓰고 진학 상담도 하고 말이다. 물론 그런 지표들이 허무맹랑하다거나 전혀 근거가 없다는 말은 아니야. 전문가들이 오랜 연구 끝에 만들어낸 평가 수단을 내가 쉽게 무시하거나 폄훼할 수는 없지. 그리고 사실 어느 정도 맞아떨어지는 부분이 있기에 다수가 신뢰하는 것이겠지? 그렇지만 그 '맞아떨어지는' 것은 현재를 평가했기 때문이라고 생각해. 그 지표들이 나의 현재를 점검해주기는 해도, 그런 나의 현재 성향이 왜, 누구에 의해, 어떻게 형성되었는지를 알려주지는 못하지.

방점은 '현재'라는 데 있단다. 친구처럼 가까운 아들 녀석이 내 MBTI 유형 결과를 보더니 그리 말하더구나. "어쩌면 엄마는 P 성향에 가깝게 태어났을 거예요. 그런데 엄마 환경이 J 성향을 후천적으로 만든 거 같아요. 그리고 엄마 안에는 F도 강한데 눌려서 아예 표출되기를 포기한 상태인 거 같구요." 심리학 전공이냐고? 아니. 전혀 관계가 없는 전공을 하고 있단다. 아들아이가 MBTI에 관심을 가지게 된 것은 또래 사이에서 유행하는 테스트이기 때문만은 아니었대. 유난히 엄마에게서 떨어지지 않아 코알라처럼 몸에 붙이고 다녔던 아이가 어느덧 자아가 생기고, 자신과는 다른 엄마를 관찰하기 시작했었나봐. 나는 너무나 강한 제도적 제약과 관계적 억압 속에서 성장했었기 때문에 내 아이만큼은 타고난 천성 그대로 커주기를 바라고 기도했어. 그래서 주입하기보다 관찰했고, 제지하기보다 맞춰 주었지. "엄마, 그래서 내가 동일시 기제가 꽤 오래 지속되었던 거 같아요." '중요한

타자들(significant others)'에게 동일시를 했었던 나와는
다르게 아들은 자기중심적인 엄마와의 동일시가 중학교
2학년 때까지 지속되었다고 하더라. 엄마랑 자기는 아주
찰떡같이 맞아서 자기가 좋아하는 것을 엄마도 좋아하고,
자기가 하고 싶은 것을 엄마도 하고 싶어 한다고 확신했대.
그런데 어느 날인가 부엌 근처에 꽂혀 있는 엄마의
책들이 눈에 들어왔다는구나. «존재와 사유», «나와 너»,
«프로테스탄티즘의 윤리와 자본주의 정신», «고삐 풀린
현대성»……. '제목이나 두께나 전혀 매력적이지 않은
저것들은 뭐지? 내 앞에서는 한 번도 꺼내어 읽지 않았던
저 책들은 어떤 내용이지?' 노을 지는 저녁에 풀밭에
앉아 자기가 틀어주는 감성 충만한 음악을 함께 즐기던
엄마가 저렇게나 '재미없는' 책들을 좋아한다는 것이
너무 충격적이었다나? 그래서 엄마를 이해해보려고, 아니
실은 자신에게는 드러내지 않는 엄마 존재의 다른 부분을
헤아려보려고 부단히 노력했다더라. 엄마가 자기와 같은
행복을 느끼는 줄 알았는데 자기에게 맞춘 것이라는 사실,
그렇게 엄마는 애쓰고 있다는 걸 막연하게 느끼며 엄마의
행복을 '갈아 넣어' 만들어지는 자신의 행복이라면 그건
행복한 게 아니라는 생각이 들었다는 거야.

　　하하, 나는 내 부모님과는 다른 방식으로 완벽한

육아에 실패하게 된 거지. 하지만 감사했어. 사실 완벽한 육아가 어디 있겠니. 적어도 내 아이가 자기를 만들어가는 일에 제약을 받지 않게 된 것을 넘어서 자기의 '중요한 타자'인 엄마의 행복까지 파악하고 이해하려고 노력할 만큼 성장했다는 사실이 기뻤다고나 할까? 아들의 관찰과 지지 덕분에 나는 늦깎이로 내 안의 숨은 성향들을 발산하기 시작했단다. 그러니 예술이 너도 나와 완전히 반대의 MBTI라고 단정 짓지 않아도 될 것 같아. 부모님이 바라는 성향대로의 예술이라든가 누군가가 허용해주는 성품의 예술이가 되기 위해 부단히 그걸 입증하는 방향으로 애쓸 필요는 없단다. 우리의 성향은 타고난 것이든 살면서 만들어지는 것이든 결국은 내 자아 안에서 통합되고, 나를 견고히 서게 하고, 나를 행복하게 만드는 모습으로 계속 지어져 가는 과정에 있을 뿐이니.

성서는
왜

여성에게
폭력적이죠?

결국 너는 이 질문을 내게 던지는구나. 성경 말씀을
꿀송이처럼 달게 읽으라는 뜻으로 할아버지께서 첫
손녀딸의 이름을 '성경'이라고 지으셨다고, 너는 신입생
오리엔테이션에서 자랑스럽게 설명했지. 그런 성경이의
모습을 보며 나는 언젠가 이런 날이 올 거라고 예상했단다.
아, 1학년 2학기쯤에는 한 글자도 빠짐없이 다 진리의
말씀이라고 믿어왔던 성경책이 구전 전승이 되었던 시기도
있고 여러 편집과정을 거쳤다고 배우며 혼란이 오겠구나.
2학년, 3학년 자꾸 배울수록 도대체 어디까지가 하나님의
계시이고 어디까지가 당대 인간의 문화적, 제도적, 계층적,
민족적 언어의 반영인지, 성경 읽기가 겁나겠구나.
예상했던 대로 학년이 바뀌면서 성경이의 해맑았던 얼굴에
그늘이 지는 것을 보고 안타까웠어. 그렇지만 성경이만
그랬던 것은 아니란다. 4대 기독교 집안, 모태신앙인

성경이에게는 생전 처음 겪는 혼란이겠지만, 나는 해마다
그런 신입생을 만나고 4년을 한결같이 지켜보았어.

그 혼란은 나 역시 통과했던 과정이었어. 문과 대학 안에
소속되어 있고 전공명 또한 신학이 아닌 '기독교학'이라
더욱 그랬지. 내가 새내기 때의 일이란다. 인문학적
방법론으로 접근하는 조직신학 입문이나 성서신학
개론에서 받은 충격이 대단했어. 하지만 그것보다 더 큰
도전은 내 전공에 대한 일반 신앙인들의 시선이었단다.
공강 시간에 조용한 곳에 앉아 책 읽기를 즐겼던 나는
그날도 중강당 잔디에 앉아서 전공 책을 읽고 있었지.
그런데 한눈에 봐도 딱 알겠는 캠퍼스 사역자 한 분이 내게
말을 걸어오더구나. "저기, 혹시 그리스도께서 당신을 위해
죽으셨다는 것을 믿으시나요?" 내가 믿어 의심치 않았던
교리적인 문제에 대해 한창 학문적으로 자극이 있던
시절이라 나는 좀 예민해졌어. 그렇다고 생면부지 처음
보는 사람에게 나의 혼란을 들키고 싶지는 않았지. 그래서
최대한 상냥하게 말했단다. "저는 그리스도인이에요.
그러니 소중한 시간에 비신자에게 가서 전도하시면
좋겠어요." 하지만 그분은 떠날 생각이 없었어. 재차
묻더구나. 그래서 나도 조금은 톤을 높여 말했지. "순서가

틀린 것 아닌가요? 기독교인인지 아닌지를 먼저 물어야지,
만약 내가 신자가 아니라면 그런 신앙적 언어를 어떻게
이해하겠어요?" 하지만 그분은 흔들림 없이 똑같은 질문을
다시 하더구나. 그때 문득 그분이 내가 읽고 있는 책의
표지를 유심히 보고 있다는 것을 깨달았어. 그리고 거의
동시에 그분이 말했지. "기독교학과인가요?" 내 전공을
확인한 뒤에 그가 보인 열정은 가히 놀라웠단다. "1학년
때 얼른 돌이켜서 재수를 결심해라" "그 과는 사탄의
학과다" "신앙이 좋은 학생들에게 인본주의적인 학문을
가르쳐서 결국 신앙을 떠나게 만든다" 그분의 말에 나는
너무 당황했지. 내가 만난 하나님을 정확하고 설득력 있는
언어로 설명하고 싶어서 소신껏 선택한 전공이었는데,
정작 신앙인들은 이렇게 생각하고 있었구나!

그렇다고 학과에서의 공부가 쏙쏙 들어왔던 것은
아니었어. 1학년 전공필수 과목이었던 '신앙과 신학'이라는
수업에서 나는 자유주의적 신학 패러다임을 가진
교수님에게 수업을 듣고 있었지. 당시는 신학적 패러다임이
그렇게 다양한지 몰랐을 때야. 교수법이야 다양하겠지만
차라리 여러 패러다임을 소개해주시고 "나는 이러한
입장이지만 이것이 진리는 아니다. 시각의 차이다"라고
친절하게 설명하며 시작해주셨으면 덜 힘들었을 텐데,

그야말로 '마라맛'이었단다. 나의 신앙적 언어들은 매주
어김없이 철저하게 그리고 처절하게 깨졌지. 그러던
참에 잔디밭에서 그 캠퍼스 사역자를 만났던 거야. 양쪽
모두에게 오기가 생기더구나! 그래서 나는 덜컥 하나님께
기도하고 말았어. "하나님, 왜 한 하나님을 섬기면서
저렇게나 다른 이야기들을 하는 거죠? 그러면서도 왜
둘 다 똑같이 폭력적으로 상대의 생각을 수정하려고
하죠? 저는 꼭 저 두 입장에 다리를 놓는 신학자가 될
거예요." 꿈도 야무졌지? 하지만 스무 살 나의 기도와
각오를 하나님께서는 기억하셨나 봐. 이제와 돌아보니
튼튼한 다리인지는 몰라도 어느덧 그런 다리가 되어 있는
것 같기도 하구나. 소위 복음주의 진영에서도 진보신학
진영에서도 '말이 통하는' 신학자라고 여겨주니 말이다.
박쥐처럼 산 것 아니냐고? 하하, 그렇지는 않아. 다만 나의
신앙적 배경이었던 관계망과 신학적 토양이었던 관계망을
모두 버리지 않고 내적 투쟁과 외적 투쟁을 하다 보니
그리되었단다.

그럼 '매개적 다리'의 입장에서 성경이의 질문에 답해볼까?
넌 물었지. 성서에는 왜 그렇게 폭력적인 장면이나 언어가
많냐고. '헤렘(진멸)' 전통이 특히나 걸린다고 했어. 아무리

시대와 문화를 반영한다고 해도 성서에는 "여호와께서 헤렘하라고 하셨다"는 명령어가 분명하게 적혀 있는데, 그걸 다 빼버리면 여호수아서나 사사기는 어떻게 읽어야 하느냐고 말이야. 아무리 가나안 족속이 여호와를 몰랐기로서니 사랑의 하나님이 '진멸'을 명령하시는 것이 도무지 이해가 안 된다고 했지. 더구나 사사기를 보면 여성에게 행해진 폭력이 무시무시해서 읽기가 힘들다고 토로했어. "왜 입다의 딸은 아버지의 섣부른 서원 때문에 죽어야 했죠? 하나님께서는 결국 그 딸을 받으셨나요? 이삭은 희생제물을 대신 준비(여호와 이레의 유래)해주시며 구원하셨잖아요. 아들은 살리시고 딸은 버리시는 건가요? 레위인의 첩만 해도 그래요. 남편이 싫어서 친정에 간 아내를 기어이 데려왔으면 보호해야 할 텐데, 어떻게 윤간의 현장에 밀어 넣을 수가 있죠? 그리고 아내의 시신을 열두 조각을 내는 건 또 뭐냐고요. 그런데도 하나님께서는 진노하시지 않으셨나요? 성서에 없잖아요. 하나님께서 화를 내셨다는 구절이! 그런 레위인이야말로 '헤렘'해야 하는 것 아닌가요?"

　　속사포처럼 쏟아내는 너의 말을 들으면서 나는 속으로 살짝 웃음이 났어. 너의 질문들이 가벼웠기 때문이 아니라 네가 성'경' 대신에 성'서'라고 이야기를 하고 있었기 때문이었지. '경'이냐 '서'냐. 만약 성경이가 세심한 관찰자라면 금세 알 수 있었을 거야. 보수적인 교단이나 교회에서는 '성경'이라는 말을 많이 사용해. '경(經)'자가 이미 그 뜻 안에 포함하고 있듯이 꽉 묶여 흔들리지 않는 진리의 말씀이라는 의미에서 그러하지. 한편 개혁신앙이나 진보신앙을 가진 교단이나 교회에서는 주로 '성서'라는 말을 사용해. '서(書)'자는 쓴 사람을 전제하는 글자야. 그러니 텍스트가 완성되는 과정에서 인간의 주체적 참여의 부분을 인정할 수밖에 없단다. 물론 '성경'이라는 말을 사용하는 그룹이라고 해서 하나님의 계시가 어느 날 하늘에서 뚝 떨어졌다고 믿는 것은 아니야. 적어도 기록자나 편집자에게 하나님의 영감이 온전히 그리고 절대적으로 임했다고 믿어. 그래서 인간은 '맡고' '받고' '기록'하는 수동적 역할을 했다고 보는 거지. 거기 인간의 편견이나 제한이 담겨 있다고는 생각하지 않아. 우리 학교에서는 대부분의 교수자가 '성서'라고 이야기했지? 그분들의 수업을 들으면서 너도 어느덧 자연스럽게 '성서' 라고 말하는 모습에 웃음이 났던 거야.

뭐가 맞느냐는 질문을 종종 받는단다. 그럴 때 나는 "성경도 맞고 성서도 맞아요"라고 답을 해. 좋은 게 좋다는 무책임한 허용론은 아니야. 우리가 받은 말씀인 거룩한 텍스트 안에는 '경'에 해당하는 부분과 '서'에 해당하는 부분이 마치 옷감처럼 촘촘하게 짜여 있다는 뜻이지. 십계명의 마지막 계명을 그 예시로 들곤 한단다. "네 이웃의 집(소유)을 탐내지 말라"로 시작하는 금지 명령 말이다. 모세가 십계명을 받을 당시는 강한 신분제가 작동했어. 왕, 귀족, 토박이 등 강한 권력을 가진 사람들은 힘없는 사람들의 소유를 강제로 빼앗곤 했다. 억울해도 어쩔 수 없었을 거야. 더구나 한 공간의 정착민이 아니었던 히브리인들(고대 이스라엘 사람들)의 경우는 부당한 일을 비일비재하게 겪었지. 아브라함도, 이삭도 생계노동을 위해 도시국가로 들어가면서 이주민의 설움을 오롯이 겪었잖니. 오죽 그런 일이 잦았으면 자신의 아내에게 누이라고 하자는 제안을 했겠니. 아내를 빼앗는 일조차 다반사였던 거야. 그래서 "네 이웃의 집(소유)을 탐내지 말라"는 계명에 이어지는 구절이 "네 이웃의 아내나 그의 남종이나 여종이나 그의 소나 나귀나 무릇 네 이웃의 소유를 탐내지 말라"일 수 있었던 거야.

이 텍스트에서 '성경'의 내용은 뭐고 '성서'의 내용은 뭘까? '경'은 꽉 붙들어 맨 것과 같은 말씀이라고 했지? 시대가 변하고 사람이 바뀌고 공간이 달라져도 변하지

않는 말씀! 그래서 언제나 초월적이고 보편적이지. 생각해
봐. 실제로 벌어지고 있는 일은 강자가 약자의 아내나
남종이나 여종이나 소나 나귀 등을 마음대로 빼앗는
행위였어. 그런데 하나님께서 당대의 '당연'들을 초월해서
모두에게 적용되는 '경'의 말씀을 주신 거야. 더구나 강자와
약자라는 구분 없이 모두 이웃이라고 칭하면서 말이지.
자신이 살아가는 시절을 초월한 생각을, 더구나 모두에게
복음이 되는 깨달음을 얻기란 쉽지 않단다. 그런 말씀이
하나님으로부터 온 '계시'라고 생각해. 그런데 이 '경'의
메시지 중에는 대부분 '서'가 얽혀 있어. 이제는 찾을 수
있겠지? 아내나 남종, 여종, 소, 나귀를 생각했다면 맞단다.
그것들은 그 시절에는 분명히 중요한 재산목록이었지.
이걸 읽으면서 "하나님께서는 왜 아내를 재산목록이라고
말씀하셨나요?" 하고 따지는 것은 부적절하다고 생각해.
그건 '서'의 부분이기 때문이지. "아무리 약자여도
이웃의 소유를 함부로 탐하고 빼앗는 것을 하나님께서는
싫어하신다. 모두가 다 하나님의 소중한 피조물이기
때문이다!" 이것이 이스라엘의 신앙고백이었던 셈이야.
그러니까 이 구절을 읽으면서 우리가 '성경'으로 길어
올려야 하는 말씀은 명백하지. "네 이웃의 집(소유)을 탐내지
말라." 여기서 '서'에 해당하는 아내, 남종, 여종, 소, 나귀는

현대의 문화적 배경에서는 부적절한 예시라는 거지. '빼도' 경에는 무리가 없는, 아이패드나 휴대폰과 같은 소유목록으로 '더해도' 경을 해치지 않는.

성경이 네가 말한 것처럼 많은 이들이 문제를 제기하는 것은 '경'과 '서'를 어떻게 분명하게 구별해낼 수 있느냐는 거야. 읽다가 마음에 안 드는 구절을 손쉽게 서(書)라고 말하면서 버리게 된다면 과연 얼마만큼의 경(經)이 남겠느냐는 말이지. 오죽 질문이 많았으면 내가 책을 썼겠니. 《살아내고 살려내고》는 그 질문에 대한 나의 대답이란다. 물론 '나의 대답'이야. 나 역시 유한한 인간인데 어떻게 나의 방법론이 완벽하다고 주장할 수 있겠니. 하지만 나는 나 좋은 대로, 너는 너 좋은 대로 마음껏 '서'를 골라내 빼버리자는 주장은 아니란다. 오히려 무엇이 '경'이고 무엇이 '서'인가를 놓고 신자 간에 치열하고 진지한 고민과 묵상과 대화, 때로는 논쟁이 필요하다고 생각해. "이것이 나에게는 복음인데 왜 당신에게는 기쁜 소식이 아닌가요?" "나는 이 부분이 몽땅 '서'라고 생각하는데, 당신은 어떻게 생각하나요?" 이렇게 성령 안에서 서로 질문하고 답하는 과정 말이다.

폭력적인 사사기 본문에 대한 성경이의 질문에 나만의

대답을 해보자면 이래. 사람은 언제 계시를 받을까? 아니, 질문을 다시 해보자. 자신이 계시를 받았다고 생각하는 것은 어느 순간일까? 이스라엘은 믿을 게 여호와밖에 없는 공동체였어. 바빌론이나 이집트같이 견고한 성벽이 없었으니까. 보호막은 오로지 '이스라엘의 하나님'뿐이었지. 그랬기 때문에 개인이든 공동체 단위든 어려움에 처하면 언제나 기도하던 사람들이었어. 하지만 간절한 기도 속에 받은 말씀이 계시라 해도 그 계시가 언어화되는 과정에서 인간적, 시대적, 문화적 제한을 받는 것은 당연하지 않을까? 가나안 족속을 '헤렘'하라고 여호와께서 명령하셨다는 부분에서 '경'을 읽어낸다면, 나는 이렇게 읽을 것 같아. "축적하고 약탈하는 가나안적 풍속은 행여 조금이라도 따를 생각을 하지 말아라. 거기 물들지 말아라. 그런 욕망은 '헤렘'하라." 그 계시의 말씀을 적용하면서 군사적인 '헤렘'으로 해석하거나 실행했던 부분은 당대의 문화였을 거야. 그러니까 나는 하나님께서 싹 다 죽이라는 명령을 하셨다고 믿지는 않아. 이렇게 읽으면 입다의 딸 이야기도, 레위인의 첩 이야기도 '경'과 '서'의 시선에서 다시 묵상할 수 있을 거야. 하나님께서 여성에게만 폭력적이셨던 것이 아니라, 당대의 문화가 여성에게 폭력적이었던 거야. 그것이 하나의 '문화적 당연'이었던 때, 주체였던 남자들이 자기 입장에서 신앙적 결단이라고 생각하고 행동했던 것들을 적는 과정에서 걸러지지 않은 '서'일 뿐! 그래서 그 부분에서 내가 길어 올린 '경'은 무엇이냐고? 그건 꽤 긴 이야기라 앞서 소개한 책을 읽어보렴. 아울러 너의 신앙적, 신학적 고민도 게을리 하지 말고.

전공보다

'인서울'이
중요하지
않은가요?

세상에, 형석이 네가 벌써 고3이라니! 새로 배운 단어가
신기한 듯 작은 입으로 어렵사리 "이모, 이모"를 되뇌던 네
모습을 본 게 얼마 되지 않은 듯한데……. 언제나 남의 집
자식은 빨리 자라나 보다. 식당에서도 아주 쉽게 "이모!"
하고 부르는 것만 봐도 우리나라 사람들은 관계적인
정서가 강하지. 사실 따지고 보면 너의 엄마와 나는
혈연적으로 아무런 사이가 아니잖니. 하지만 이웃사촌이
된 인연에다 엇비슷한 터울로 또래 남자아이를 키우다
보니 정말 네 엄마와는 언니 동생 사이처럼 친해졌어.
우리가 이사하면서 헤어진 뒤로는 통 연락을 못 했으니
벌써 15년도 넘었구나.

　　네 엄마 전화는 이미 받았단다. 수시 결과가 좋지
않아 정시를 준비 중이라고 걱정을 많이 하시더구나. 글쎄,
내 조언이 실제적인 도움이 될지는 모르겠다. 대학에

오래 있었다고 해서 너에게 맞춤형 조언을 해줄 수 있는
건 아니니까. 하지만 적어도 그동안 보아 온 많은 사례를
기초로 내 생각을 전할 수는 있겠지. 그냥 조언이라고
생각해주렴. 결국 결정은 네가 하는 거니까.

수시 여섯 개를 몽땅 영화 관련 학과로 썼다면서? 형석이가
다큐멘터리 감독이 되고 싶어 한다는 말에 나도 모르게
미소가 지어졌단다. 그럼 그렇지 싶었거든. 내가 기억하는
넌 어려서부터 관찰력이 남달랐어. 또래 남자아이들이
자동차나 기계 등에 관심을 가질 때 너는 유난히 사람들을
보았지. 어려서 이모 아들과 함께 다닌 미술 놀이클럽
기억나니? 그때도 네 그림에는 사람들이 가득했어. 그런데
특이하게도 영웅이나 동화 속 주인공 같은 상상 속 인물을
그리기보다 일상의 사람들을 관계망 안에서 묘사했지.
직접 농사지은 호박이랑 가지, 깻잎을 파는 할머니가 앉아
계시고 지나가던 우리가 같이 쪼그리고 앉아 두런두런
이야기하며 채소를 사는 모습, 동네 놀이터에서 운동을
하며 뭔가 재미있는 이야기에 함박웃음을 짓는 노인들의
모습, 초등학교 옆 문방구 안 한가득 모여 있는 아이들이
재잘대고 그 수다를 열심히 들어주시는 주인아저씨의
모습까지 네 그림에는 늘 너만의 시선으로 관찰한

사실적이고 따뜻한 이야기가 가득했단다. 그래서 내색은 하지 않았지만 이모는 그런 생각을 했어. 형석이는 사회나 인간관계를 관찰하는 그런 전공을 선택하면 좋겠다. 그런 너에게 다큐멘터리 감독이라는 구체적인 직업군은 정말 안성맞춤이더구나.

이모도 마침 이번 학기에는 입학사정관으로 학생 선발에 참여했었단다. 수많은 수시 원서를 읽고 입학정원의 3배수를 뽑고 또 거기서 우열을 가리기 위해 면접을 했지. 누군가의 지난날과 미래를 평가하는 일이 쉽지는 않더구나. 행여 나의 주관적인 시선이 오래 준비해온 학생들에게 불이익을 주면 어쩌나 하는 생각에 집중하고 또 기도했단다. 글쎄, 여섯 학교의 교수님들은 형석이의 재능을 왜 발견하지 못하셨던 걸까? 네 엄마의 이야기를 들어보니 고등학교 3학년으로 올라가면서 갑자기 세부 전공을 정한 거라 비교과 활동이나 관련된 수상 기록 등을 준비할 수 없었다고 하더구나. 하긴 영화감독 지망생은 연기자처럼 실기로 보여줄 수도 없으니 여러 가지로 아쉬움이 크긴 하겠다. 그런데 엄마가 당황하신 것은 네가 수시에서 모두 불합격을 받았기 때문이 아니었어. 준비 기간이 1년 미만으로 짧기도 했고, 엄마 생각에는 형석이 너와 잘 맞는 영역인 것 같으니

재수하면서 차근차근 더 준비하면 되겠다고 생각하셨대.
그런데 정시 원서를 준비하면서 네가 갑자기 그랬다면서?
"전공과 상관없이 무조건 인서울로 넣을래요." 뚜렷한
목표를 세우고 수시 여섯 개를 한 전공으로 올인했던
네가 갑자기 전혀 반대의 선택을 하는 모습에 엄마도
혼란스러우셨던 것 같아.

　　갑자기 이모를 만나서 형석이도 어색했지?
웬만해서는 네 의견을 존중하고 특별히 강요하지 않던
엄마가 거의 강권하다시피 해서 할 수 없이 끌려왔다고
너는 투덜거렸지. "아, 어차피 꼭 전공하지 않아도
영화감독은 할 수 있잖아요. 고등학교 나오고 성공한
감독도 있어요. 저는 서울 밖에서 살아본 적도 없고, 정시는
어차피 치열하니까 그냥 성적 맞춰서 아무 과나 안전한
곳에 넣을래요." 물론 네 말도 이해는 돼. 종종 확고하게
전공을 먼저 정하고 그 전공에 맞춰 진학이 가능한 대학을
선정하느라 대한민국 남쪽 끝까지 내려가는 친구들이
있기는 하지만, 그건 대부분 졸업 후 직업이 확실하게
보장되는 전공이기 쉽지. 예를 들면 의학과 같은 전공
말이다. 그리고 사실 다큐멘터리 감독만이 아니라 졸업 후
자신의 전공을 살려서 직장 생활을 하는 사람들이 그리
많은 것도 아니야. 어차피 특화된 세부 전공으로 서울에서

공부할 수 없다면 일단 후퇴하여 아무 전공이나 선택하고
서울의 캠퍼스가 제공하는 인프라를 누리겠다는 너의
선택이 어쩌면 더 현실적일 수도 있어.

하지만 이모가 걱정하는 것은 그게 아니란다. "그래도
나중에 영화감독을 하는데 도움이 될 기초 학문이라든가,
세계관을 형성하는 데 도움이 되는 전공이라든가, 아니면
문화나 사회를 이해하는 분석적 학문이라든가 그러니까
문학, 사학, 철학, 사회학, 문화인류학, 문화콘텐츠학
뭐 이런 쪽으로 생각해보는 것은 어떠니? 필요하다면
지방대도 포함해서 말이야." 내가 이렇게 조언했을 때
네가 보인 반응 때문이었어. 나랑 의견이 같지 않다고 해서
걱정했다는 것은 아니야. 너는 '지방대'를 어떻게 갈 수
있냐는, 기가 막히다는 얼굴로 나를 보더구나. 물론 나도
충분히 알고 있단다. 너희들 탓은 아니지. 서열경쟁을
제도화하고 세분화한 어른들이 만든 이 세계가
너희들을 그렇게 만들었지. 《우리는 차별에 찬성합니다》
라는 책에서도 분석했잖니. 조선 시대 왕 이름을 외우듯
서울대부터 순차적으로 대학을 서열화해서 줄줄 그
순위를 외우고, 친한 친구들끼리도 어느 대학을 갔는지에
따라 으쓱하기도, 주눅 들기도 한다는 것. 같은 대학을
간 친구끼리는 학과의 등급컷을 가지고 비교하고,

심지어 같은 학과 학생들 사이에서도 수시입학인지,
정시입학인지, 일반고 출신인지, 특목고 출신인지를
나누어 학과 점퍼에까지 아로새겨 입고 다닌다고 말이다.
"스카이를 졸업해도 보장되지 않는 시절이라지만,
인서울이 아니면 아예 기회조차 없어요!" 너의 그 항변이
상당히 현실적이라는 것을, 현장에서 오래 가르친 이모
역시 누구보다도 잘 알고 있단다.

　하지만 그건 졸업 직후부터 길어야 10년까지만
크게 영향력을 발휘하는 '현실'일 거야. 물론 한 해
차이가 크게 느껴지는 형석이 나이에 10년은 지금까지
살아온 인생의 반이나 되는 긴 세월이지. 그런데 말이다,
현역인지 재수인지 삼수인지가 크게 다른 것 같은 너희는
체감하지 못하겠지만, 사회에 나와서 마라톤과도 같은
인생을 살아가다 보면 몇 년 정도는 아무것도 아니라는
걸 경험하게 된단다. 시간적인 의미에서만 말하는 것이
아니야. 기왕에 마라톤 이야기가 나왔으니 그 비유로 더
말해보자꾸나. 형석이 너도 알다시피 초반에 1등으로
치고 나간 사람이 마지막까지 선두를 달리는 경우는
드물지. 결국 중반 이후에 지치고 말아. 그렇다고 가장
뒤쪽 집단에서 갑자기 일등을 하는 경우는 없어. 대부분은
어느 정도 선두 그룹을 형성하고 있는 사람들 중에서 치고

나오는 경우가 많지. 1등만 기억한다는 이 경쟁적 환경에서
어떻게 하면 1등이 될 수 있느냐와 같이 승리의 기술을
말하려는 것은 아니야. 이모는 '힘 조절'에 대한 이야기를
하고 싶은 거란다. 어쩌면 '완주를 목표로 뛰기'라고 말하는
것이 더 적절하겠다. 인생은 마지막 숨을 쉬는 그 순간까지
나만의 경주를 하는 셈이니까.

완주를 위해 가장 먼저 필요한 것이 뭘까?
난 방향성이라고 생각해. 아무리 빠른 속도로 끝까지
달렸다고 해도 출발선에서 도착선 방향으로 달려야지
그 반대 방향이나 노선을 이탈한 방향으로 달리면 그건
실격이잖니. 눈 옆을 가리고 정해진 트랙만 달리는
경주마가 되라는 말은 아니야. 출발선에 선 현시점에서
네가 달리고자 하는 방향이 어디인지, 우선 그걸
생각해보자는 말이란다. 출발하기 전부터 자기가 도달할
최종 결승점을 확신하고 시작하는 것은 어려워. 지금의
세상은 오히려 너희가 그걸 알아가기도 전에 어른들이
미리 정해주고 몰아가는 것이 더 큰 문제지. 이모가 말하는
것은 그런 평가방식에 너를 맞추라는 뜻이 아니란다.
"난 세상을 따뜻한 시선으로 바라보고 사람과 사람을
연결해주는 다큐멘터리 영화를 만들고 싶어요." 지금의
너는 충분히 선명한 방향성을 가지고 있어.

물론 네가 성공적으로 영화 전공을 선택하고 그 길을 달린다고 해서 10년쯤 뒤의 형석이가 다큐멘터리 감독이 되어 있을 거라는 낭만적인 약속을 하는 것은 아니야. 방향성은 그야말로 방향만 알려줄 뿐이지 네가 어느 지점까지 갈 수 있을지를 보장하지는 못하니까. 더구나 인생의 마라톤은 한 길만 있지 않아서 달리는 길에서 만나는 사람들, 지나는 길에 발견한 샛길을 보면서도 얼마든지 또 다른 방향, 더 다른 방향으로 네 인생을 재설정할 수 있지. 하지만 모든 건 처음의 방향으로 달리다가 생기는 일들이란다. 아름다운 풍경을 바라보며 그것을 화폭에 담고 싶어 하는 아이가 부모님의 기대와 현실의 압박 속에서 치과의사가 되는 방향으로 뛰었다면 처음 방향이 잘못되었다는 뜻이야. 만약 그 아이가 꽤 잘 뛰어서 대학도 붙고 무사히 졸업도 하고 개원해서 돈도 많이 벌고 안정적인 중년 생활을 하고 있다고 치자. 누군가의 입안을 꼼꼼하게 살피면서 일상을 보내던 어느 날 문득 무의미와 공허함, 갇힌 듯한 갑갑함으로 숨이 막힌다면, 그 인생을 감히 실패라고 말할 수는 없어도 처음 달린 방향이 잘못되었다고는 말할 수 있을 것 같아. 물론 그때라도 원하는 방향으로 재설정할 수 있겠지. 혹은 현실적으로 그냥 지금의 상태를 유지하면서 조금의 여유시간을 만들어 취미로 그림을 그릴 수도 있겠고.

아흔이 되어도 내가 걸어온 길에서 방향을 틀 자유와 권리, 가능성은 모두에게 있다고 생각해. 그러니까 실은 형석이 네가 너의 내면의 바람보다 세상이 생각하는 흐름에 맞춰 '인서울'을 고집한다고 해도, 그래서 도대체 무엇을 배우는지 알아본 적도 없고 흥미도 없는 그런 학과에 일단 합격한다고 해도, 그럭저럭 과락을 면하고 졸업하여 그 뒤에 다시 다른 길을 모색한다고 해도, 그건 하나의 선택이지. 하지만 분명한 것은 그건 하나님께서 너에게만 허락하신 재능과 시선과 열정과 꿈을 담은 '너의 방향'은 아니라는 거란다.

물론 이미 형석이 세대는 한 가지 직업만으로 일생을 살아갈 수 있는 환경이 아니야. "학생이 여섯 번째 직업을 창출할 수 있는 역량을 기른다." 하버드 대학교 교양학부가 새로이 만든 학습 목표라고 하더구나. 이래저래 참 살기 힘든 세상이다. 그럼에도 이모는 강단에서 마주 보는 제자들을 향해 이렇게 말해. 세상이 정해준 방향, 부모님이 정해준 방향, 혹은 여러분 안의 현실감이 강요하는 방향 말고 내면에서 기뻐하는 그 방향으로 걸어가라고. 뛰면 유리하겠지만 상황이 여의치 않다면 걸으라고. 걷기도 힘들면 일단 방향만 잡고 잠시 쉬어도 된다고 말이야.

잠시 쉰다는 것이 꼭 방안에 자신을 가두고 아무것도
하지 않는다는 뜻은 아니야. 누군가에는 잠시 쉬는 동안의
일상이 더 바쁘고 치열할 수도 있어. 쉼이란 내가 정한
방향으로 걸어가는 것을 멈추었다는 걸 말해. 살다보면
그런 상황들이 있으니까. 그럼 인서울 아무 전공이나 택한
그 시간도 잠시 쉬는 것이라고 말하고 싶겠지? 하하, 이모가
형석이 머릿속에 들어갔다 나왔냐고? 그건 아니야. 인생의
진로를 놓고 고민하면서 이모 연구실 문을 두드리는
네 선배들도 형석이와 같은 이야기를 많이 하거든.

이야기가 많이 길어졌구나. 하지만 이게 이모의 조언이야.
우선은 선택지가 있을 때 넓게라도 네가 걷고 싶은 방향과
이웃한 전공들을 살펴보면 좋겠다는 것. 이미 꿈이 있고
특별한 시선이 있는 너니까 말이다. 나 역시 갈등하고
방황하던 네 나이 무렵, 성경을 읽다가 힘이 되었던 구절을
들려주며 마칠게. "그러나 내가 가는 길을 그가 아시나니
그가 나를 단련하신 후에는 내가 순금같이 되어 나오리라."
욥기 23장 10절의 말씀이야. 네가 어느 길을 선택하든,
무엇을 경험하든 늘 동행하시는 하나님께서 오직 너를
통해 빚으실 아름다운 작품을 기대하며 기도한다.

나는
이제

순결하지
않은가요?

H님. 메일로 주고받았던 상담내용을 이렇게 나눌 수 있도록 허락해 준 것 너무 감사드려요. 무례한 부탁인 줄 알면서도 H님의 이야기가 비슷한 고민을 하는 다른 청년들에게 도움이 될 것이라고 생각했기에 조심스레 의향을 물었어요. 처음 H님의 길고 긴 메일을 읽으며 놀랐던 것은 일면식이 없는 저를 믿어주고 마음을 활짝 열었다는 것이었어요. 그동안 저는 주로 면대면 만남을 통해 친숙해진 학생들의 고민만 들어왔거든요. 제가 까탈스럽게 내담자를 제한했다는 말은 아니에요. 저는 상담가가 아니니 내담자라는 말도 부적절하네요. 그저 교수자요 인생 선배, 신앙 선배로서 조언해왔다는 말이 적절하겠어요.

누군가의 삶에 영향을 미칠 수 있다는 것은 영광이지만 한편으로는 두려운 일이에요. 전공마저 윤리이다 보니 학생들은 제게서 어떤 선택이 옳은지(진), 좋은 것인지(선), 답을 얻길 기대한답니다. 그래서 늘 어려운데, 전혀 알지 못하는 분의 친밀하고 깊은 편지를 받으니 얼른 답하기 어려웠던 것이 사실입니다. 답신이 늦었던 건 그 때문이에요.

H님은 제게 물었어요. "저는 이제 순결하지 않은 사람인가요?" 성폭행도 비자발적인 성관계도 아니었다고 했죠. 5년간 지속된 오랜 관계였고 요즘 청년들의 '대세'를 따라 육체적 관계까지 있던 사이라고 했죠. 그런데 생각지도 못하게 상대방의 요구로 헤어지게 되었다고요. 결혼할 거라고 믿었던 그의 부재 상태에서, 홀로 남게 된 외로움이나 두려움보다 더 힘들었던 것은 '나는 순결을 잃어버렸나' 하는 죄책감이었다고 했어요.

　　H님의 질문은 제게 10여 년 전의 기억을 떠올리게 했어요. 학교 연구실에 앉아 있다 보면 종종 학생이 느닷없이 뛰어 들어와서 고해성사와도 같이 외치는 말이 있거든요. "교수님, 제가 순결을 잃었어요!" 초짜 선생이던 당시는 놀라서 함께 당황했는데, 어느덧 대처법을 알게 되었죠. 펑펑 우는 학생을 진정시키며 두 손을 잡고 차분하게 물어요. "어디서 잃어버렸니? 두고 온 데는 기억

나?" 물론 의도하고 묻는 것입니다. 그러면 학생들은 여지없이 눈물도 채 닦지 않은 채 눈을 동그랗게 뜨고 다시 제게 묻거든요. "네? 순결이 물건인가요? 어디 두고 오게……." "그러게 말이다. 순결이 잃어버릴 수 있는 건가? 누구에게 건네주거나 두고 오거나 혹은 빼앗길 수 있는?" 영리하고 슬기로운 제자들은 금세 선생의 의도를 알아차리죠. 그리고 이내 자신의 불운 혹은 관계의 파탄을 곧장 '순결 이데올로기'와 연결짓고 불안해하던 마음을 추스릅니다. 이론으로 배운 것들과 자기 삶을 연결하기 시작하는 거죠.

여기서 강의를 늘어놓지 않아도 H님은 아실 거예요. 전통 사회에서 가부장제를 존속하기 위해 가장 중요한 것은 '이 아이가 어느 가부장의 후손인가'를 명백하게 하는 것이었죠. 때문에 여성의 성행위를 제한하는 것은 매우 중요한 일이었어요. 유전자 검사가 있던 시절도 아니니 당연히 엄마가 되는 이의 성을 통제할 수밖에요. 모세법도 그 시절의 배경을 담고 있습니다. 출애굽기 22장 16-17절을 보면 이렇게 적혀 있어요. "사람이 약혼하지 아니한 처녀를 꾀어 동침하였으면 납폐금을 주고 아내로 삼을 것이요 만일 처녀의 아버지가 딸을 그에게 주기를 거절하면

그는 처녀에게 납폐금으로 돈을 낼지니라." 이 구절
어디에도 피해자인 여자의 주권이나 주장이 반영되어 있지
않습니다. 첫 문장부터 시대적 전제를 여실히 드러내요.
'사람이', '처녀를', '꾀어'……. 여기서 '사람', 그러니까
성적 자기결정권을 행사하고 주체로서 책임도 지는 사람은
남자입니다. 이것이 그 시대의 '당연'이라서 굳이 남자라고
표현하지도 않았죠. 저 문장을 조금 심하게 번역기를 돌려
소비문화를 살아가는 우리 시대의 표현으로 바꾸어 본다면
이렇게 말할 수 있어요. "상점에서 물건에 흠집을 냈다면
정가를 주고 그 물건을 사 가면 됩니다. 혹시 주인이 화가
나서 팔지 않겠다고 해도 흠집 낸 만큼의 변상은 하셔야죠."
이렇게 읽고 나면 당시 여자의 순결함이 어떤 맥락에서
'매매'되고 있는지 금세 파악되실 거예요. 이 구절에서
'처녀'는 피해당사자가 아닙니다. 오히려 피해자는 처녀의
아버지이죠. 가해자도 처녀에게 합당한 보상금을 내고
그녀와 결혼한다면 도덕적으로나 신앙적으로나 아무런
가책을 받지 않습니다. 분명 십계명에는 간음하지 말라고
했는데 말이에요. 이때 여자의 감정, 의지, 선호도 등은
반영되지 않아요. 거절 역시 아버지의 권한입니다. 이런
모세법 문항은 제가 평소 사용하는 '경(經)'과 '서(書)'의
구분으로 보자면 후자에 속하죠. 시대와 문화의 제약을

반영하는 텍스트로서 역사적 제한을 가지는 구절 말입니다.

물론 이런 구분에 발끈하면서 성경을 어찌 그리 헤집느냐 화를 내는 분들도 있어요. 하지만 저의 읽기 방식에 대한 동의 여부와는 별도로, 적어도 이 이슈에 대해서는 예수님께서 이미 모세법을 뛰어넘으셨으니 안심하셔도 됩니다. 산상수훈에서 말씀하셨죠. "간음하지 말라 하였다는 것을 너희가 들었으나 나는 너희에게 이르노니 음욕을 품고 여자를 보는 자마다 마음에 이미 간음하였느니라"(마 5:27-28). 만약 일점일획도 더하거나 빼지 않고 성경 말씀을 그대로 우리 삶에서 적용하고 살아간다면 온통 간음의 죄를 저지른 사람들로 차고 넘치겠죠. 사도바울은 이런 엄격한 윤리적 금지가 율법의 실천 불가능성을 드러내고 은혜의 필요성을 입증하는 것으로 해석하였습니다만, '몽학선생'으로만 여기고 지나가기엔 위의 구절에서 주목해야 할 매우 획기적인 '경(經)'이 있어요. 바로 '시선의 혁명'입니다. 여자는 음욕의 대상이 아니다. 하나님은 여자도 사람으로 지으셨고 사람은 하나님의 형상이며 하나님의 형상을 바라볼 때는 그 안에 있는 하나님을 만나듯 거룩함으로 응시해야 하기 때문이다. 그러니 음욕을 품고 바라보는 것은 네 인식과

마음의 자세가 왜곡된 것이기에 명백히 하나님 앞에서는
죄이다. 예수님의 가르침에는 이런 '경'이 담겨 있습니다.
그럼 남자는요? 당연히 남자도 마찬가지죠. 예수께서 군이
여자로 제한하신 것은 당시 성적 응시나 성행위의 주체적
결정권자가 압도적으로 남자였기 때문입니다. 그러니
이것은 권력관계가 바뀐 사회나 관계망에서라면 어떤
사람도 음욕의 대상이 될 수 없다는 보편 선언인 것이죠.
그래서 간음은 이웃 남자의 소유를 건드리는 소유권
침범의 문제가 아니라는 말입니다.

오늘날 우리가 살아가는 사회에서 가부장제적 순결
이데올로기에 기초한 여성 통제는 점차 약화되어 가는데,
정작 예수님의 저 놀라운 혁명적 선언을 '경'으로 가지고
있는 기독교는 여전히 인간이 만든 제도의 한계를
벗어나지 못한 듯합니다. "휴, 그래서 하지 말래요." 이게
무슨 소리냐고요? 빠르게 변해가는 세상의 성 풍속도와는
다르게 기독교인의 윤리적 덕목으로 '혼전순결'을
학습한 교회 청년들이, 온도차가 다른 두 문화 사이에서
갈등하다가 '교회의 성, 잠금해제?'라는 한 흥미로운
포럼에 다녀와서 한 말입니다. '오, 드디어 성윤리를
공적으로, 그것도 시의적으로 다루나보다!' 제자들은

신이 나서 참석했지요. 하지만 에두르고 포장했지, 결국 경건한 신자들이 혼전순결을 지키는 것이 하나님께서 기뻐하시는 삶이라는 결론이었대요. '결혼 전까지는 여자만이 아니라 남자도 순결을 지킬 것! 서로를 음욕의 대상으로 바라보지 말 것!' 그게 잘못된 가르침인가요? 아뇨. 다만 모든 것이 '경'은 아닙니다. 결혼을 전제로 만들어진 윤리이기 때문이죠. 이는 근현대 초·중기에 형성되고 작동한 윤리입니다. 남자만을 주체로 보던 전통 시대가 끝나고 성평등을 법적 토대로 삼은 근현대 시절을 반영하죠. 결혼을 매개로 여성의 성을 사고 파는 시절이 지나고 새로운 성윤리가 필요한 시점에서 소유가 아닌 관계의 차원을 강조했던 '성경적' 성윤리는 한동안 기독교적이었던 서구 유럽 사회의 규범으로도 작동했어요. 쌍방의 평등한 관계성을 말했다는 점에서 예수님의 가르침(경)에 근접했습니다. 하지만 1960년대 말부터 '세속화' '68혁명' '성해방' 등의 키워드를 중심으로 소위 '세상'의 방향과 기독교의 방향은 매우 달라졌어요.

기독교인이지만 동시대인이기도 한 분열적 상황에서 교회는 두 가지 '현실적' 조언으로 뜨거운 청춘들의 열정을 조절하려 했죠. 하나는 소비하는 성과 관계하는 성을 구별하면서 후자를 권고하는 것이었어요. 결혼까지

이르는 두 사람의 관계적 친밀성을 추구한다면 소위
'단계'라는 것이 있다고요. 성관계는 오직 부부가 된 뒤에만
하라는 것이었습니다. 두 번째는 심리적인 근거로 결혼 전
성관계를 금지합니다. '선물포장지 이론'은 그 맥락에서
나왔죠. 복음주의적 신앙 지도자들이 자주 사용하는
말입니다. 크리스마스트리 밑에 아름답게 포장된 선물을
성탄절에 열어보아야 감격이 더 크지, 궁금하다고 미리
뜯어보면 김새는 법이라고요. 그것처럼 서로를 향한
호기심과 열정이 금세 식어버릴 거라는 겁니다. 어쩌면
그 대가로 결혼에 이르지 못할 수도 있다고요.

H님은 이런 윤리 담론이 압도적이었던 환경에서 성장한 것
같아요. 그러니 5년을 진심으로 사랑했고 깊이 관계했던
상대와 헤어진 지금, 연인의 부재 상태보다도 처녀성을
잃었다는 육체적 상황에 더 당황하고 있는 것이지요.
처녀성은 어디에 존재하는 걸까요? 정말 '선물포장지'처럼
한번 뜯으면 복구 불가능한 것일까요? H님은 너무 깊은
관계를 허락한 까닭에 연인이 자신에게 흥미를 잃어버려
떠난 것이 아닐까 하는 생각도 든다며 자책감도 표현했죠.
　　'원나잇도 별것 아닌 요즘 시절에 우리 둘은 서로에게
신실하니 그거면 괜찮아. 우린 곧 결혼할 거잖아?' 그동안

H님을 윤리적으로 그리고 신앙적으로 붙잡아준 것은 이런 내면의 소리였다고 했어요. 하지만 지금 우리가 통과하는 시절은 5천년 가부장제의 종말과 더불어 결혼이 더는 생애사의 필수코스가 아닌 때입니다. 더 나아가 오늘날의 젊은이들은 '안정적 결혼생활'이라는 것을 영위할 수 있는 물적, 정신적, 관계적 여건을 확보하기 어려운 시절을 마주하고 있지요. 그래서 성행위와 결혼을 연결하여 윤리 규범을 유지하기 어려운 사회가 되었어요. 혼인빙자간음죄라는 것이 실효성이 없는 법조항으로 여겨져 폐기되고, 혼전순결이라는 말도 낡은 언어가 되어 버렸죠. 아시죠? 이제 웬만한 교회에서는 50대 청년부까지 만들어지고 있다는 것.

　　하지만 H님께도 말했듯이 저는 '혼전'이라는 단어를 버리면서 '순결'이라는 단어조차 성찰되지 않고 한 묶음으로 폐기되는 것에는 안타까움이 큽니다. 사람이 사람을 대할 때 전심을 다하는 것, 저는 그것이 순결이라고 생각하거든요. 그 전심이 포기되고 오직 상대의 몸을 소비하는 문화가 가득한 사회가 되어버렸어요. '사람이 어떻게 순도 100퍼센트의 전심으로 상대를 사랑합니까?' 하는 질문이 생길 수 있어요. 그러나 정량을 달고 지표를 만들어서 마음을 확인할 수 있다는 말이 아닙니다.

사랑해본 사람들은 알죠. 내가 누군가를 사랑할 때
생겨나는 자기초월적인 에너지를! 전심에는 에너지가
있어요. 반드시 에로틱한 것만도 아니에요. 육체적 기운은
쇠했지만 함께 했던 세월의 신뢰와 감사와 사랑을 오롯이
눈빛에 담아 서로를 애틋하게 바라보는 80대 노부부의
모습에서도 우리는 전심과 순결함을 발견할 수 있어요.
순결함은 성행위와 결부된 단어가 아니라는 말입니다.
하지만 이것이 사랑을 섹스와 동의어로 여기는 요즘
문화를 살면서 죄책감 없이 육체적 즐거움을 향유해도
나는 순결하다는 '정신승리'를 하라는 뜻은 아닙니다. 몸과
마음과 영혼은 연결되어 있고, 사람은 서로 존재의 경계가
겹치는 만큼 관계가 깊어지며, 그 깊이만큼 행복할 수도,
상처 입을 수도 있으니까요.

  그러니 H님, 당신이 지난 5년 동안 진심으로 그를
사랑했다면, 하여 본디 이기적일 수밖에 없는 사람의
계산적 마음을 뛰어넘어 그에게 기꺼이 다가갔고 아낌없이
내어주었다면, 그동안 소복하게 쌓인 감정과 기억과
흔적이 당신을 아프게 할 수는 있지만, 결코 당신을 더럽힐
수는 없습니다. 순결은 당신의 것이지 타인에 의해
좌우되지 않기 때문이에요. 그와 존재가 겹쳤던 기간과
깊이만큼 아프겠지만, 그가 당신의 순결을 가져갈 수는

없어요. 당신은 이전도, 지금도 순결합니다. 폭우가
그치고 고요하게 기다린 샘물이 다시 차오르듯, 위로자
하나님께서 당신을 다시 충만하게 채우시기를 기도합니다.

내 삶은

엄마를
밀어내는
전쟁이었어요

"나의 스무 해는 끊임없이 내 자아의 경계를 침입해 들어오는 엄마를 밀어내는 전쟁이었다." 혜지야, 너의 명제를 읽으며 나는 내가 얼마나 무례한 선생이었는지를 비로소 깨달았단다. 오랜 전업주부 생활 끝에 선 강단이라 설레는 마음에 과도한 결심을 한 것 같아. 무엇보다 낯선 타국에서 주부 생활을 하며 박사학위를 따는 동안 계류유산을 겪었기 때문이기도 해. 의사 말로는 비교적 안정적인 임신 주차였다는데, 내가 밤잠 안 자고 논문을 쓰며 무리했기 때문일까? 난 엄청난 죄책감과 미안함을 느꼈어.

엄마의 '나 되기' 사투로 인해 세상에 나올 기회를 잃어버린 그 아이의 태명은 '아이리스', 딸아이였단다. 태몽도 인상적이었지. 말로 하자니 조금 괴이하게 들릴지도 모르겠지만, 아주 예쁜 여자아이의 얼굴을 한

구렁이 꿈이었어. 내게 찾아온 소중한 한 생명을 잃고서
나는 다짐했지. 내가 만약 강단에 선다면 앞으로 내가
만나고 가르칠 모든 여학생을 '나의 아이리스'라고 생각할
거라고. 그래서 감히 너희에게 그런 과제를 내준 거였단다.
내가 보지 못했던 성장 과정을 알고 싶은 욕심이었어.
이제부터 길러 내려면 너희의 전 이야기를 알아야 한다고
생각했던 거지.

"여러분의 스무 해를 한 문장으로 요약하고 왜 그런
결론에 도달했는지 설명해 보세요. 분량 제한은 없습니다."
너의 솔직하면서도 위협적인 문장과 무려 열 쪽이 넘는
긴긴 글을 읽으며 나는 선생의 무게가 얼마나 무거운지,
누군가의 '학교 엄마'가 되겠다고 선언하는 것이 얼마나
섣부른 생각이었는지 깨달았단다. 너의 말들은 내 존재
안에 담아내기가 버거웠어. 길고 긴 이야기 끝에 혜지 너는
추신을 달았지. "추신: 1학년 필수교양 과목 과제로 나를 다
까발리라는 요구를 하는 교수가 처음에는 어이없었습니다.
화도 났습니다. 까짓것 5점 정도 날려 버릴까도
생각했습니다. 하지만 학교를 오며 가며 저도 모르게 지난
스무 해를 돌아보게 되더군요. 그리고 내 인생의 한 줄
요약 문장을 만들고 있는 저를 발견했어요. 누군가에게

제 이야기를 이렇게까지 솔직하게 해보기는 처음입니다. 무엇보다 스스로도 이런 질문은 처음 해보네요. 대학 생활을 시작하며 이렇게 스무 해를 정리하고 출발할 수 있어서 다행입니다. 학교 엄마가 되어 주시겠다는 말을 믿겠습니다. 엄마를 한 사람 더 가지게 되었다는 것에 저도 설레기 시작했습니다."

혜지야! 너는 3월이 채 끝나기도 전에 선생이 내준 숙제의 의도를 가장 잘 파악한 제자 중 하나였어. 그때는 무덤까지 가져가겠다고 약속했었는데, 이렇게 공개적인 공간에서 네 이야기를 나누도록 허락해 주어 참 고맙구나.

넌 매일 밤 자기 전에 기도했다고 했지. 하나님이 정말 계시다면 제발 엄마를 빨리 죽게 해달라고. 그래서 엄마를 볼 때면 너는 늘 죄책감이 들었다고 했어. 이 세상에서 혜지 네가 전부이고 너밖에 없다는 어머니셨으니까. '아, 나는 엄마의 전부인데 나에겐 왜 엄마가 전부이지 않을까? 아니, 그걸 강요받는 것이 왜 이렇게 싫을까?' 어릴 적 너는 네가 잘못된 거라고, 천하에 몹쓸 딸이라고 생각했노라 했지. 스무 살이 되기까지 너는 노력한 만큼 어머니를 밀어내지는 못했어. 그건 네가 엄마의 상황을 너무 잘 이해했기 때문이었지. 가끔 집에 들어오는 성인

109

남자가 아마도 아빠인 것 같다고 유추하게 된 게 초등학교 1학년 무렵이었다는 담담한 너의 기술에 얼마나 가슴이 뻐근했는지. 그렇게 가정에 무책임하고 몇 달씩, 때론 몇 년씩 멋대로 밖으로 나도는 가장을 대신해서 어머니는 안 해본 일 없이 사셨다고 했어. 혜지 너 하나만 낳고 만 것도 그럴 수밖에 없었을 거야. 전문직이 아닌 여성이 실질적으로 한부모 가정과 같은 상황에서 아이'들'을 길러 내기는 어려웠을 테니까. 온갖 고생을 하시던 어머니의 유일한 낙은 교회에서 네 자랑을 하는 것이었어. 타고나기도 영민한 너였지만 어머니의 기대와 집안 상황을 보며 혜지는 더욱 노력하고 또 노력할 수밖에 없었던 거야.

그런데 참 이상도 하지. 학교에서 상장을 타온 날들도, 어머니가 그렇게 바라던 명문대 국제학부 합격 소식을 전했던 날도 혜지는 기뻐하시는 어머니 얼굴을 보며 구토감이 올라왔다고 썼더구나. 뭔가 내 안에 들어오면 안 되는 상한 음식물을 삼킨 것처럼, 그렇게 역겹고 속마저 울렁거렸다고. 엄마는 만개한 꽃처럼 환하게 웃고 있는데, 실은 그 웃음을 보고 싶어서 땀이 피가 되도록 노력했는데, 왜 정작 저 웃음에 나는 화가 나는지를 스스로에게 물었다고 했지. 너는 예수께서 겟세마네에서 '땀이 피가 되도록' 기도하셨다는 말이 진짜일 거라고 했어. 기도하던 중은 아니었지만 실제로 너도 경험해 봤다고 말야.

　　대부분 국제학부에 입학하는 친구들은 외교관인
부모님을 따라 해외 여러 나라를 돌아다니면서 자연스레
외국어를 모국어처럼 하게 된 아이들이거나 교수 부모를
두어 연구학기 때 1년 집중 영어 학습 경험이 있는 아이들,
혹은 외고 출신인 경우였지. 너는 일반 고등학교 출신에
외국이라고는 가까운 일본조차 가보지 못했던 철저한
국내파였지만, 반드시 엄마의 꿈을 이루어야만 한다고
생각했어. 교회에 갈 때마다 엄마가 주변 분들에게 하시는
말씀이 너에겐 마치 주문처럼 들렸으니까. "아유, 우리
혜지 외고 갈 실력이야 당연히 되지. 그런데 학비가 비싸서.
이게 다 내가 못나서 그래요. 그래도 뭐, 일반고에서도
얼마든지 잘 해낼 거예요. 두고 봐요." 그렇게 넌 엄마의
자랑이 되기 위하여 아니, 삶의 이유가 되기 위하여 할 수
있는 모든 걸 다 했다고 했어. 합격 정도의 수준이면 안
되는 거였으니까. 전액 장학금을 받아야 엄마가 원하는
그곳에 도달할 수 있었으니까.

　　"나는 이해할 수 없었다. 너무 꼭 쥔 손의 압력
때문에 실핏줄이 터져 땀 대신 핏빛 진액이 흘러나오도록
공부하는 자신을. 나는 왜 내가 원하지도 않는 이 삶을
이다지도 진지하게, 최선을 다해 살아 내고 있는 걸까?"

너의 과제 속 글귀가 너무 아파서 읽기를 멈추고 한참 그 글귀 언저리에서 머뭇거렸단다. "우리 엄마는 만족하실 줄을 몰라요. 아마 제가 죽어야 끝날까요? 아니, 내가 왜요? 저는 아직 앞날이 창창한데요. 엄마가 죽어 버렸으면 좋겠어요." 너의 과제를 읽고서 조심스레 너에게 데이트 신청을 하고, 그렇게 너와 마주한 날, 가을 낙엽 가득한 교정에서 너는 나에게 그렇게 토해 내듯 말했어. 그리고 그날 난 너에게 정신분석학자인 멜라니 클라인의 '모친 살해(Matricide)' 개념을 가르쳐 주었지. 150명의 대규모 강의 시간에도 늘 빛나는 눈으로 주목하던 너였지만, 1대 1 강의여서 그랬을까 아니면 주제가 혜지 맞춤형이어서 그랬을까. 내용만이 아니라 나까지 온통 삼켜 버릴 만큼 집중하던 네 모습이 생각나는구나.

그날의 강의를 조금 요약해 볼까? 클라인의 '모친 살해' 개념은 프로이트의 '오이디푸스 콤플렉스'에 도전장을 내민 새로운 보편 감정이었어. 맞아. 이건 '보편' 감정이지, 혜지만 가진 감정이 아니야. 구순기의 아들이 사랑의 대상인 엄마를 빼앗아 갈 수 있는 아빠를 향해 적대감을 가지게 되고, 이것이 죄책감으로 이어져서 오히려 아버지의 법을 잘 지키는 방식으로 초자아를 형성하게 된다는 프로이트의 이론은 널리 알려져 있어. 하지만 이론의 타당성에 대한 논의를 차치하더라도 그건 아버지와 아들의 관계야. 프로이트는 어머니와 딸의 관계는 분석하지 않았는데, 이를 중요시하지 않았다기보다는 여성 연구자의 몫으로 남겨 두었다고 봐. 그것을 여성이자 세 아이의 엄마였던 멜라니 클라인이 시도한 셈이지.

클라인에 따르면 모친 살해의 욕망은 딸만이 아니라 아들도 가지는 가장 기초적이고 근원적인 감정이야. 심지어 생후 3개월 이전에도 형성 가능하대. 클라인은 그 감정이 영아의 생존을 위해 꼭 필요한 '젖가슴'에 대한 사랑과 이를 완전히 소유할 수 없는 부재 상황에 대한 분노와 슬픔이 교차하면서 만들어 낸 것이라고 설명했어. 내가 처음 클라인의 이론을 배웠을 때 엄마, 즉 자기를 보호할 수도, 위협할 수도 있는 막강한 힘을 가진 타인과의 생존·의지적 관계망 안에서 자기의 경계를 만들고 타인을 이해하는 방식을 구성하는 유아의 의미망이 매우 흥미로웠어.

어쩌면 혜지는 매우 예민한 딸이었을지도 모르겠다. 자의식이 강하고 자기의 경계를 만드는 일을 일찌감치 시도한 아이였던 것 같아. 그런 혜지에게 무의식적이든

의식적이든 딸을 통해서 자신의 인생을 한 번 더 살아내려는 엄마의 동일시 기제는 혜지 자신만의 주체적 경계를 만드는 과제에 매우 위협적이었을 거야. 그리고 그건 보통 아들보다는 딸이 더욱 강하게 느끼는 감정이지. 아들은 어느 정도 성장한 이후 스스로 동일시에서 벗어나기 쉬운 생물학적, 사회적 환경에 놓이지만, 딸은 그렇지 않으니까. 더구나 혜지의 상황은 더욱 특수했잖니.

혜지 어머니는 딸의 독자적 경계를 전혀 허용하지 않으면서 엄마의 의도와 계획을 사랑이라 주장하며 딸을 만들어 가는 '전문 엄마'들과는 달랐어. 전문 엄마는 물심양면 모든 지원을 하고 학업 정보부터 스펙 관리까지 다 해주는 엄마들이지. 하지만 혜지 엄마는 그런 엄마들과 교회에서 어울리시면서 같은 꿈만 꾸었지 정작 후원은 없었던 거야. 어쩌면 어머니의 꿈과 실제 사이의 간극이 너에겐 '억울함'으로 작동했고 그 감정을 꾹꾹 눌러 왔는지도 모르겠구나.

클라인도 그랬어. 생계 노동을 위해 자주 집을 비운 자신의 어머니를 향한 부정적 감정을 창조적으로 승화해 심리적 개념어를 만들어 낸 거야. 그럼 클라인은 딸을 잘 양육했냐고? 천만에! 클라인의 딸은 자기 공부에만 몰두하는 엄마를 향해 적개심을 가지고 엄마를 반박하기 위해 같은 전공, 그러니까 정신분석학자가 되었어. 그리고 이후 엄마의 이론을 반박하고 공개 석상에서 엄마를 비난하는 일에 자신의 열정을 다 쏟아 냈지.

모든 딸은 엄마에게 복수하는 방식으로 자기 주체성을 확립해 간다는 결론을 주장하려는 건 아니야. 친구들 사이에서 종종 그런 이야기 들어 봤지? "난 엄마처럼 살지는 않을 거야." 결국은 정도의 차이지 딸이 엄마에게 가지는 그런 부정적인 감정의 밑바닥에는 주체로서의 경계를 확보하고자 하는 딸의 몸부림이 있는 거야. 그리고 실은 그 몸부림이 있어야 비로소 건강한 자아로 성장할 수 있어. 엄마의 아바타, 복제품으로 성장하는 것에 무슨 새로움이 있겠니? 하나님께서도 만물과 당신을 닮은 사람을 만드실 때, 모든 생명을 똑같이 만드시지 않았잖아.

'하나님의 형상'은 어떤 모습일까? 그것은 지나온 사람들, 지금 우리 곁에서 숨 쉬는 사람들, 그리고 오고 또 올 사람들이 만들어 가는 주체화된 모습들을 다 합쳐도 모자랄 거야. 우린 서로에게서 하나님의 형상 일부만을 볼 뿐이지. 어쩌면 우리를 낳으신 하나님께서도 그걸 원하셨을 거야. 스스로 자라고, 스스로의 언어를 만들고, 이 땅에 새로움을 가져오는 창조적 생명이 되는 것. 그렇게 거룩한 생명의 호흡을 각자의 존재 속에 불어넣으신 게 아닐까?

그렇다고 클라인의 말처럼 전 인생에 걸쳐 엄마를 부정하면서 살아갈 필요는 없어. 전적인 부정 역시 전적인 동일시만큼이나 속박된 삶이니까. 어느 철학자의 말처럼 존재는 주름처럼 접혀 있는 거란다. 우린 존재의 경계가 교차하고 있는 것을 거절할 수는 없어. 그건 우리의 실재이니까. 하지만 나의 경계는 만들어 가야지. 나의 언어, 나의 의미도 말이야. 주름치마가 예쁘려면 주름 하나하나가 선명해야 하지 않겠니?

그래서 너의 명제는 옳아. 너는 그 전쟁을 계속해야 할 거야. 엄마를 향해서만이 아니지. 너의 경계를 인정하지 않고 포섭하고 지배하고 조종하려는 사람들 속에서 도망치지 않고 의미의 전쟁을 치르는 동안, 너는 결국 이 땅에 새로움을 가져올 거야. 혜지만이 창조할 수 있는 새로움을.

지금
제가 하는
이것은

사랑인가요?

스무 살 주아에게는 심각한 질문이었을 거야. 네 얼굴이
너무나 진지해서 터져 나오는 웃음을 꾹꾹 눌러 참았지.
그날의 너는 참 푸르고 어렸구나 싶다. 15년 전이니 네가
돌아보아도 그렇지? 캠퍼스가 온통 생기발랄한
'사람꽃'으로 가득했던 어느 봄날에 강의실 맨 앞자리에
앉아 있던 네가 물었어. "교수님, 어떻게 하면 남자와
자연스럽게 사랑에 빠질 수 있죠?" 아, 이걸 어떻게 답해야
하지? 순간 머릿속에서는 오만 생각이 다 스쳐 갔지만,
곧 수업을 시작해야 했기에 우선은 가볍게 넘겼지.
"그러려면 남녀공학을 갔어야지요. 여대에 와서 그런
질문을 하다니!" 웃자고 던진 말이었는데, 나의 대답에
금세 결연해지는 너의 눈빛을 보며 순간 '아차' 했단다.
이러다가 네가 진심으로 반수를 하겠다고 선언할까 봐.
그리고 주위를 둘러보니 곧 느낌이 오더구나. '오늘 진도는

못 나가겠는걸.'

  "우리 오늘은 '사랑'에 대해서 이야기해 볼까요?"
100명 정원에 추가등록까지 받아서 빼곡하던 강의실이
일제히 환호성으로 가득했지. 지금 생각해보면 정말
낭만적인 시절이었던 것 같다. 요즘 같으면 어림없을
일이야. '교수는 강의계획안에 맞추어 강의하였나' 이런
평가 항목에 점수를 부여하는 시절이잖니. 앞으로는
더할걸? 코로나 시국이 그 살벌한 시절을 앞당기고 있지.
강의 영상을 증빙용으로 녹화하여 올리는 것이 교수자의
의무가 되는 날에는 더욱 엄격한 제약이 따를 거야. 하지만
그제나 이제나 나는 교수자의 낭만을 지키고 싶어.

  그렇게 15년 전의 '사랑학' 강의는 주아의
기습질문으로 인해 번외 편으로 시작되었지. 그날 수업
후 너의 피드백도 인상적이었어. "오, 교수님. 사랑이라는
주제가 이렇게 이성적으로도 접근 가능하군요." 하하,
그건 칭찬이었을까 불만이었을까. 하지만 그날 강의에서
말했던 세 가지 유형론을 여전히 기억하고 있는 걸 보니,
그 개념어들이 네게 그저 스쳐 지나가는 추상적인
단어들은 아니었던 것 같다. 시험 범위가 아니라고, 그러니
긴장하며 필기하지 말고 들으라고 말했는데도 너는 정말
열심히 적고 있너구나. 우연히 너와 다시 마주한 지금, 그때

이야기를 다시 소환할 수 있다니 기적과도 같은 행복이야.

그날 나는 '열정적 사랑(Passionate love)' '낭만적 사랑
(Romantic love)' 그리고 '합류적 사랑(Confluent love)'에 대해서
말했어. 영국의 사회학자 앤서니 기든스(Anthony Giddens)가
《현대사회의 성, 사랑, 에로티시즘》에서 소개한
개념어들이지. 내가 상대방을 사랑하는지 어떻게 알 수
있냐고 물었을 때 여기저기서 친구들이 답했어. "떨려요."
"심장이 쿵 내려앉는 느낌이 들어요." 대략 그런 감정들에
대한 표현이었어. 그래서 내가 되물었지. "고양이가 쥐를
만났어요. 그때 고양이의 감정은 어떨까요? 쥐의 감정은?"
사랑 이야기를 시작하며 뜬금없는 질문이라고 생각했을
거야. "고양이는 흥분되고 쥐는 떨렸겠죠. 심장이 떨리고
호르몬이 분비되면서 생물학적 반응이 일어나면, 그런
물리적 느낌에 사랑이라는 개념어를 부여할 수 있을까요?
열정은 사랑일까요 아니면 그냥 호르몬 반응일까요?"
뭔가 재미있는 이야기를 들을 줄 알았던 친구들의 표정이
골똘해지는 게 여실히 보였지.
　　　물론 사랑의 스펙트럼은 넓어. 아기를 갓 낳아서 품에
안아도 심장이 떨리거든. 쿵쿵 심박이 빨라지지. 우린 그걸
모성애, 부성애의 증거라고 생각해. 하지만 고양이나 쥐의

흥분 상태를 사랑이라고 하지 않듯이 사랑이라는 감정을 정의하기 위해서는 생물학적 떨림 이상의 것이 포함되어야 할 거야. 바로 '연합하려는 에너지'이지. 고양이와 쥐는 연합하려는 에너지가 없어. 상대를 잡아먹거나 생존을 위해 상대로부터 도망가야 하는 과정에서 발생하는 흥분 상태는 심장이 터질 듯 뛰어도 결코 사랑이라고 부를 수 없지. "아 두 사례는 작동하는 호르몬이 다르잖아요!" 행여 전문가가 생리학적 차이를 제시한다고 해도 인문학자가 보기에는 사랑이라는 감정을 호르몬 종류와 특성으로만 설명하는 것에는 설득되기 어렵구나. 물론 기든스가 말한 '열정적 사랑'에는 호르몬 분비로 인한 흥분 상태를 필수적으로 동반하는 것이 맞아. 진화생물학자에게 물어본다면 아마 그게 사랑이라고 할 것 같다. 생명은 자기보존과 증식이라는 욕망이 DNA 안에 박혀 있다고, 그래서 가장 적합한 파트너를 만났을 때 몸이 반응하는 거라고 말이야.

하지만 다른 동물과는 다르게 인간은 연합하려는 에너지를 발산하고 실행하는 과정에 '제도(Institution)'의 훈련을 통해 생긴 감정을 추가하지. '연합하려는 에너지'가 마구 발산되는 상대를 만났다고 해서 힘으로 제압하고 성적으로 연합했다면 우리가 살아가는 제도는 그 행위를

성폭력이라고 하지, 결코 사랑이라고 부르지 않잖니. 둘이
합의한 연합이었다고 해도 그 둘이 살아가는 사회가 어떤
제도적 합의를 하고 있느냐에 따라 둘의 '열정'은 비난받을
감정이 되기도 해. "사랑에 빠진 게 죄는 아니잖아!"
드라마 〈부부의 세계〉에서 외도한 남편이 아내에게 던진
그 말이 뻔뻔하게 받아들여진 까닭은 우리가 '합의한'
일부일처제라는 제도 안에서 혼외의 열정은 제도적
죄책감이 요구되기 때문이야. 적어도 그런 방식의 열정은
'낭만적 사랑'에 대한 배신행위이지.

　　사회학적 유형론으로서의 '낭만적 사랑'은 상대를
향한 격정적 감정인 '열정'만을 의미하지는 않아. 물론
그것을 포함하는 사랑이니 '성애(性愛)'에 속해. 하지만
'열정적 사랑'에 죽음이 우리를 갈라놓을 때까지 오직
당신만을 사랑하겠다는, 영원한 약속과 배타적인 헌신이
덧붙은 사랑이지. 이 낭만이 어찌 서양인의 독점적
감정이겠니? 하지만 열정과는 구별되는 '낭만'의 서구적
기원을 연구한 학자들은 유일신에 대한 헌신에 익숙한
기독교적 유럽 문화가 그런 제도적 감정을 만드는 데
크게 한몫을 했다고 주장해. 더구나 신분제의 강력한
제한 속에서 혈통과 재산을 위해 열정 없이 결혼하는
귀족들의 경우, '케미(화학적 끌림)'가 통하는 상대에 대한

영원한 헌신은 은밀하고 숭고한 사랑의 덕목이었지. 사도 바울은 그리스도의 십자가 아래 모든 굴레가 벗어지고 하나가 되는 평등의 비전을 노래했지만(갈 3:28), 낭만적 사랑에 고무되어 로맨스에 빠진 연인들은 그야말로 모든 제도적 장애를 초월하는 힘을 보여주었어. "너밖에 없어!" 헤어지느니 차라리 죽는 게 나은 절절한 사랑 말이다.

　　하지만 중세 유럽에서 '낭만적 사랑'은 결혼과는 아무런 상관이 없었어. 오히려 결혼으로부터 먼 감정이었지. 낭만적 사랑이 결혼과 결부되고 대중화된 것은 현대 산업사회 이후의 일이야. 그래서 로맨스에 빠진 연인들은 결혼 전까지 열정에 제한을 두는 것을 진정한 사랑의 표현이라고 믿었어. "오빠 믿지?" 당대를 가로지르는 유행어였잖니. 열정에 사로잡힌 사람은 성적 에너지의 발산에 집중하지만, 로맨스에 빠진 사람은 사랑에 빠진 상대방을 위해 결혼 전까지는 기꺼이 성적 에너지를 억누르지. 오히려 비일상적인 감정, 즉 나의 시간, 자원, 관심 등 전인격적 에너지를 오직 '너'를 위해 기꺼이, 기쁘게 내어주려는 마음이 생겨. 기꺼이 나를 희생하지. 그래서 낭만적 사랑은 상대를 위해 죽게도 만드나 봐. 열정에 사로잡힌 젊은이가 스스로 목숨을 끊는다면 화병이요, 시름시름 앓다 죽으면 상사병이지만, 낭만적 사랑에 사로잡힌 젊은이가 죽거나 사랑하는 상대방을 떠나는 이유는 언제나 '너를 위해서'야. 그런 점에서 낭만적 사랑은 결혼과 결부되든 아니든 '자기 초월'이라는 사랑의 본령(本領)을 잡고 있다고 생각해.

'합류적 사랑'은 '열정'과 겹치는 부분이 많기는 해. 화학적 끌림이 있는 동안만 합류하고 그동안에만 하는 사랑이니까. 하지만 합류를 결정하는 요인을 성적 에너지의 상호교환으로만 좁혀서 생각할 수는 없는 것 같아. 성적 욕구뿐 아니라 정서적 욕구 혹은 경제적 욕구 등이 만족되어도 합류할 수 있으니까. 그러니까 합류적 사랑은 '나의 욕구가 충족되는 동안만 합류하는 계산적 사랑'이라고 정의할 수 있지. 합류적 사랑은 후기근대 사회에서는 점점 유행하게 될 거라고 했어. 무한 경쟁과 승자독식의 치열한 생존 환경에 놓인 젊은이들이 개별 평가의 결과로 살아남아야 하는데, 언제 유의미하게 너의 의미를 살피고, 헤아리고, 기꺼이 나를 너에게 주려 하겠느냐고. '탈성적 전문가 개인'이라는 후기근대적 모델은 사랑의 형식과 내용에도 이미 영향을 미치고 있다고 말이야. 그래서 '합류적 사랑'은 세 유형 중 가장 이기적이라고 했지. 합류의 이유가 나의 성적, 정서적, 경제적, 사회적 만족도를 위한 것이기 때문이야. 합류

기간을 결정하는 데 가장 큰 영향을 미치는 기준은 '너'가 아니라 '나'의 유익이지. "너와 합류할 이유가 더는 없어. 내 감정이 식었거든. 네가 뚱뚱해졌거든. 너는 너무 초라해졌어. 나에게 더 좋은 직업 기회가 왔어. 다른 사람에게 끌려. 그 사람이 더 섹시해." 합류를 그치는 이유는 차고 넘치지.

하지만 그게 사랑일까? 합류하는 동안에는 서로 낭만적이었다고 주장할 수도 있겠지. 하지만 합류의 이유나 이별의 이유가 '너'와 '우리'를 위함이 아니라 '나'의 편리를 위함이었다면 내 감정이 아무리 낭만적이어도 그건 유형론적으로는 낭만적 사랑이라고 부를 수 없어. 합류적 사랑이거나 그냥 열정일 뿐이지. 그래서 이 유형은 내가 정의하는 사랑의 본령을 가지고 있지는 못해. 나는 모든 사랑의 본령은 '너를 위해 나를 초월하려는 힘' 기독교적으로는 '아가페'라고 믿어. 거기에 열정(성애)을 더한 것이 로맨스라면, 결국 성애의 가장 모범적 형태는 '로맨스'가 아닐까?

물론 나는 모든 낭만적 사랑이 결혼으로 귀결되어야 한다고 주장하는 사람은 아니야. 창세기 2장을 들이밀며 결혼이 창조 질서라고 말하는 열혈 개신교 신자들을 많이 보아왔지만, 한 구절 혹은 몇 구절만으로 결혼이라는

'제도'를 태초의 질서라고 우길 수는 없지. 사회학자의
양심상 말이다. "사람이 살아가는 제도적 합의에 원래
그런 것은 없다." 사회학의 대전제였잖니. 오히려 태초에
있었던 것은 두 사람의 '마주봄'에서 발동했던 감정과
능력으로서 '서로를 도우려는 마음과 태도'였다고 생각해.
에제르 케네그도(Ezer kenegdo), '마주봄 같은 도움'이라는
이 단어가 의미하는 것을 사랑이라는 말 외에 무엇으로
표현할 수 있을까? "서로 마주 보면 무엇이 보이지요?"
대부분은 답을 맞히더구나. "상대방이 보여요." "네가
보여요." "너의 눈빛이 보여요." 가끔 합류적 사랑을 하기에
매우 적합한 현대적 인간도 있기는 해. "너의 눈동자에
비친 나요." 세상에! 너의 눈동자에서도 나를 찾다니!
정말 대단하지 않니? 그렇게 대답한 특정인을 비난하는
것은 아니야. 다만 '마주봄'의 가장 근본적인 원칙보다
강력한 제도적 힘 앞에 놀랐을 뿐이지. 로맨스의 최종
목적지는 결혼이어야 하며, 부부는 죽음이 둘을 갈라놓을
때까지 결혼 관계를 유지해야 한다는 도덕 명령은, 굳이
말하자면 '사랑의 마주봄'을 근현대 개신교적 제도 안에서
담론화한 결과이지. 성애에 있어 열정과 낭만을 구별하는
것이 합류의 종착지나 기간은 아니라고 봐. 핵심은 상대의
성장과 기쁨과 평안에 진심으로 관여하고자 하는 자발적

에너지가 있는가이지.

"열정 30, 낭만 40쯤, 합류적 계산성 30? 그 정도인 것
같아요. 제가 지금 하고 있는 연애 말이에요. 그럼 이것도
사랑일까요?" 15년 만에 만난 너는 지금 사랑하는 연인에
대한 너의 감정을 점검하며 내게 물었지. 글쎄, 자신에게
물어보렴. 나는 지금 누구를 보고 있는지. 기억나지? 사랑은
'혁명'이라고 했던 말. 나의 세계로 너를 포섭해버리거나,
내가 너의 세계로 몽땅 병합되는 것은 사랑이 아니라고.
사랑에 자기 초월과 자발적 희생의 비일상적 덕목이
있다는 것은 분명하지만, 바로 그것 때문에 사랑하는
사람의 삶에는 항상 새로움이 도래해. 더 이상 이전의 내가
아니고, 이전의 네가 아니고, 그래서 이전의 우리가 아니게
되는 그 새로움이 생기는 사이. 만날수록 너를, 그를,
서로를 자라게 하는 그런 힘이 존재한다면 의심하지 마렴.
너는 사랑하는 중이니까.

성형수술을
하면

더
사랑받을까요?

"그나마 네 코가 작살 모양이 아닌 걸 감사해야 해. 난
코끝이 작살처럼 생기고 콧구멍이 보일 만큼 위로 들린
사람은 애인은커녕 친구로도 두지 않거든!" 남자친구의
말을 들으며 정말 '다행'이라고 생각했다는 네 이야기에
나는 즉각적인 반응을 하지 않으려 애를 썼단다. 네가 정말
나에게 묻고 싶은 질문이 무엇인지 마지막까지 들어야
했으니까. 애를 쓴다는 말, 나이 들어 생각하니 우리
선조들이 참 지혜롭구나 싶다. 인내에 쓰이는 에너지를
어찌 그리 잘 표현하셨을까. '애'는 창자를 뜻하잖니.
긴장을 해도, 부러워서 샘이 나도 배가 아프고 장이
꼬이곤 하지. 장에도 신경세포가 있다는 건 현대과학이
최근에서야 밝힌 일인데, 옛 어른들은 일찌감치 알고
계셨나 봐. 하여튼 나의 창자는 그날 무척 고생했어. 단
1초도 망설이지 않고 나의 답을 말할 뻔했지만 참고 또

참았던 까닭은 네가 얼마나 진지하고 절실한지 느꼈기 때문이었지. 혜린이 너는 그 남자를 무척이나 사랑하고 있더구나.

"제가 성형수술을 하면 오빠가 저를 더 사랑해줄까요?" 내가 오래, 아주 오래 기다리고 들은 너의 마지막 물음은 그거였어. 너의 연인이 이상형이라고 말했던 특정 여배우의 모습처럼 성형하고 싶다고. 너의 이야기를 다 듣고 나서도 나는 조심해야 했어. 건강한 사랑은 서로를 건설하는 에너지여야 한다고 늘 '프로페스' 했지만, 모든 사랑이 쌍방은 아니니까. 너의 순수하고 애틋한 마음이 고스란히 전해오는데, 너의 감정이 더 크고 넘치는 상황을 '손해'라는 자본주의적 논리로 설명하고 싶지는 않더구나. 하지만 이건 감정의 저울질과는 다른 문제였단다. 그 시절을 지나왔고, 이론적으로 분석의 언어까지 가진 선생으로서 나는 할 말이 많았지만, 그 역시 어느 정도는 절제해야 했어. 네가 직접 경험하고 통과하며 깨달아야 할 순간들을 존중해야 했으니까.

문제는 사랑의 정도가 아니라 방식이었단다. 아니, 더 잔인하게 말하면 혜린이가 설명한 상대방의 태도는 사랑이라는 '자기 초월의 감정'을 전혀 담고 있지 않더구나. 앤서니 기든스가 말한 현대 사회의 사랑의 방식 중

'합류적 사랑'을 나는 그냥 '선택적 합류'라고 말하고 싶은
까닭이기도 하지. 합류의 이유가 성적 에너지이든 경제적
유익이든 정서적 안정이든 그 기준은 궁극적으로
'나'에게 있는 '사랑'이니까 말이다. '너'의 의미나 상황은
전혀 중요하지 않아. 합류적 '사랑'을 말할 때 내가 자꾸
작은따옴표를 사용하는 까닭은, 내가 생각하기에 적어도
이건 사랑이 아니기 때문이야. 그냥 거래요 교환이지.
피차에 합류적 교환을 한다면야 최소한 상실감이나
상처도 일방적이지 않겠지만, 하필 한쪽이 '낭만적 사랑'
의 감정으로 상대를 대하고 있었다면 안타까운 비극적
결말을 예상해야 해. 합류의 이유를 상실한 한쪽은 쿨하게
어느 순간 합류를 그치겠지만, 그렇지 않은 '낭만적'인
한쪽은 치명적으로 다친 채 홀로 남겨질 테니까. 하지만
이런 잔인한 이야기를 혜린이 너에게 직설적으로 할 수는
없었단다. 그래서 에두르며 시작했지.

"옛말에 '콩깍지가 씌었다'는 말이 있어. 다른 사람들
눈에는 별로 예쁘거나 멋져 보이지 않는데, 사랑에 빠진
사람의 눈에는 연인이 세상에서 제일 아름답고 멋져
보이거든. 자기들끼리나 그러고 말지, 그걸 또 주변
사람들에게 막 자랑을 해서 오글거리게 만들어. '우리

혜린이, 너무 예쁘지 않아요?' 이렇게 말이야. 그럴 때
쓰는 말이지. 콩깍지가 씌었다는 말. 아, 물론 혜린이가
매력적이지 않다는 건 아니야. 클레오파트라나 양귀비가
살아 돌아온다 해도 세계 제일의 미녀라는 말에 모든
사람의 동의를 얻어내지는 못할 거라는 말이다. 하지만
서슴없이 '제일'이라는 말을 쓰는 사람들이 있어. 세상 어떤
아이와도 비교할 수 없는 내 아이여서 '제일' 예쁘고, 세상
어떤 사람과도 비교할 수 없는 나의 연인이어서 '제일'
아름답고 사랑스러운 것이지. 사랑에 빠진 사람은 다 그래."

　　정말 조심하고 또 조심하며 여기까지만 말했을 때
보였던 너의 반응은 예상 밖이었어. "아, 그렇군요." 무엇이
그렇다는 걸까. 고개를 끄덕이며 이내 자리에서 일어나
돌아 나서는 너를 보며 나는 많이 궁금했지. "오빠는
나를 사랑하지 않는 거군요! 기준이 자기 자신에게 있는
이기적인 방식의 거래였던 거네요. 그렇다면 제가 코나
눈을 성형하는 노력을 기울일 필요는 없겠어요. 어차피 또
오빠의 기준에 자꾸 맞춰야 할 테니. 그럼 저도 이쯤에서
합류를 그치죠." 혜린이가 이렇게 불끈, 결심하고 돌아선
것도 아니었지. 그렇다고 "하지만 저는 오빠를 너무
사랑해요. 제가 할 수 있는 최선을 다할 거예요. 그래서
결국 오빠로부터 '제일 예쁘다'는 말을 들을 거예요"라고

선언한 것도 아니었어. 얼른 뒤쫓아 가서 확인해볼까?
'선생의 답'을 말해야 하나? 잠시 망설였지만 참았단다.
생명은 스스로 자라야 하는 거니까. 자신을 돌아볼 수 있는
성찰의 방향성이나 근거는 제시해주되 내가 '너의 답'
까지 만들어서 먹여줄 수는 없는 거니까. 그래서 꾹꾹 참고
기다렸단다. 그리고 기도했지.

혜린이 너에게 긴 메일을 받았던 건 그 후로 2년쯤
지나서였어. 졸업하고도 한 해가 더 지난 시점이었지.
신기하게도 너는 우연히 드라마를 소재로 내가 연재했던
한 글을 읽게 되었다고 했어. 그리고 거기서 너의 상황과는
전혀 접점이 없는 드라마 주인공의 대사를 읽으며 펑펑
울었다고 했지. "당신하고 살기 전에 나는 먼저 나랑 살아야
하니까!" 나도 기억이 나. 드라마 ⟨따뜻한 말 한마디⟩의 한
장면이었지. 남편이 아닌 다른 남자에게 느끼는 정서적
끌림으로 '감정적 외도'를 했던 여주인공이 이 사실을
남편에게 고백했어. 같이 잔 것도 아니고 더구나 들키지도
않았는데 굳이 그 사실을 말해서 왜 마음을 심란하게
하냐고 화를 내는 남편에게 아내가 했던 대사였지. 자기를
속이며 살 수는 없다고, 그러면 나를 혐오하며 살게 될
텐데, 그런 감정으로는 결코 자신을 사랑할 수 없을 거라고,

남편보다 더 오래 그리고 더 친밀하게 살아야 하는 사람은 바로 '나'라고 말이야. 드라마 주인공과 상황은 전혀 다르지만 혜린이는 내 연구실로 찾아왔던 그날 이후로도 2년간 온통 자기혐오로 가득 차버린 연애를 돌아보다 그 대사에 비로소 '아하'의 깨달음이 왔다고 썼더구나.

"두 번의 눈 수술을 하고, 가슴 확대 수술도 하고, 각선미 예쁜 여자가 좋다는 말에 위험을 무릅쓰고 부위별 지방흡입술까지 했지만 남자친구의 지적과 요구는 그치지 않았어요. 저는 늘 평가받았고 그 결과 자꾸 저 자신을 더 혐오하게 되더라고요. 커플 모임에 나가는 날이면 남에게 보여주기 위한 존재인 것처럼 옷이랑 머리, 화장까지 검사받아야 했어요. 점점 그 사람을 만나는 것이 행복하지 않더라고요. 늘 시험 보는 느낌? 그 즈음에 교수님의 글을 만난 거예요. '아, 나는 왜 그와 헤어질까 봐 이렇게 전전긍긍했지? 정작 나는 내 본모습과 자꾸 헤어지고 있는데……' 더는 이런 자기파괴적 관계를 지속할 수 없다는 생각이 비로소 들었어요. 그래서 결별을 선언했죠."

너의 연인은 자신이 아닌 혜린이가 결별을 선언하는 상황에 분노했다며? 그럴 수밖에. 자만심으로 가득 차서 세상을, 심지어 연인까지도 자기 기준에 맞춰 평가하고 취사선택해온 사람의 오만과 독선은 '관계 종료'의

선언조차 자기 몫이어야 했을 거야. 그래서 그 결정을
너에게 선점당했다는 굴욕을 견디기 어려웠겠지. 하지만
잘했다 혜린아. 실은 2년 전에 네가 내 연구실 문을 열고
첫 질문을 했던 그날부터 하고 싶었던 말이었어. 고맙게도
너의 편지에는 왜 그때 말해주지 않았느냐는 원망이
없더구나. 네가 인정하듯이 아마 내가 그런 말을 했더라도
당시에는 너의 감정이 너무 커서 제대로 들리지 않았을
거야. 선생님에게 그 답을 듣게 될까 봐 서둘러 도망쳤다는
글을 읽으며 2년 뒤에야 이유를 알았단다.

　　하지만 아름답게 마칠 것 같았던 너의 메일은 내적
싸움이 아직 끝나지 않았음을 말해주더구나. 상대에 의해
평가되고 지적당하는 동안 자기를 혐오하게 되는 것이
싫어서 그와 헤어졌는데, 혼자인 지금도 자꾸 거울을
보며 평가하는 자신을 발견하게 된다고 한 것 말이다.
그의 기준으로부터는 자유로워지려 애를 쓰고 있고 어느
정도는 성취한 것 같은데, 너도 모르게 또 기준이라는
것이 생겨버렸다고 했어. 그러면서 너는 물었지. 이제
나와 친해져야 하는데, 나를 긍정하며 살기로 했는데, 왜
또 기준이 생겨버린 것인지, 그것은 내 기준인지 아니면
세상의 기준인지 말야.

　　혜린이도 이미 어느 정도는 답을 파악하고 묻는 것

같더구나. 오스트리아 저널리스트인 발트라우트 포슈는
«몸 숭배와 광기»(Körper machen Leute: Der Kult um die Schönheit)
라는 책에서 자기 육체를 타율적 기준에 의해 점검하고,
나아가 혐오하게 만든 근대적 발명품으로 '전신거울',
'사진술', '체중계', '영화 매체'를 들었어. 19세기만 해도
몸 전체를 선명하게 비춰보면서 자신을 들여다볼 수
있는 물건은 없었지. 우리나라 양반가에서 사용하던
'색경'도 겨우 얼굴을 비추고 쪽머리 손질 정도나 가능한
크기였잖니. 더구나 사진은 거울로 슬쩍 보고 넘어갈
수도 있을 우리의 얼굴과 몸을 영원한 것으로 포착하고
잡아두지. 물론 아름다운 추억이 될 수도 있지만, 사진을
보며 우리는 자꾸 평가하게 돼. 옆 사람과 비교하고, 1년
전의 자신과 비교하면서 이렇게 말하지. "얘, 네 옆에
있으니까 내가 두 배는 더 커 보여. 나 살 빼야겠어."
"아무래도 나 작년보다 살찐 거 같아. 어휴! 이 팔자주름은
또 뭐니?" 비교가 그 정도에서 그칠까? 드라마, 영화 등의
영상 매체들은 그야말로 완벽한 얼굴, 완벽한 몸을 계속
전시하지. 이제 내 얼굴과 몸의 관리 기준은 영화배우나
모델이 되어 버리는 거야.

　　문제는 '광기를 담은 몸 숭배'가 결국 자기 몸을
사랑하는 쪽이 아니라 자신을 혐오하는 쪽으로 귀결된다는

거지. 점점 자기혐오를 가져오기 때문이야. '자족'을

'정신승리'와 동의어라고 속삭이는 문화 속에서는 있는

그대로의 자기 모습을 사랑하기 힘들어. "어머, 선생님

아무래도 실리콘 좀 넣어야겠다." 무슨 소리인가 싶었는데

친한 동료 선생님이 나름 걱정하며 내게 말씀하시더라.

옷태가 나려면 B컵은 되어야 하는 거 아니냐고 말이야.

나는 여성의 가슴 사이즈를 획일적으로 나누게 된 것은

기계제 대량생산 기술이 등장하면서부터라는 문화적

지식을 나누었어. 그리고 대량생산제가 이윤극대화를 위해

획일화한 '사이즈'를 기준으로 내 몸을 평가하지 않겠다고

말했지. 그랬더니 동료 선생님은 악의 없이 웃으며

'정신승리'라고 하시더구나.

　　　혜린이도 그렇게 생각하니? 하긴 옷을 사러 가서

줄이거나 늘릴 필요 없이 딱 맞으면 매장 점원은 칭찬하지.

"어머, 완전 맞춤이에요! 어쩜 몸이 이렇게 예뻐요?"

하지만 생각해보렴. 기성복이 나오기 전까지는 사람이

옷에 몸을 맞추지 않았어. 오히려 양장점이든 한복집이든

치수를 재고 가봉을 하며 입는 사람의 몸에 맞추어 옷을

지었지. 옷은 한 개인의 고유한 몸에 딱 맞도록 지어져야

했어. 그래서 치수를 재서 만든 옷이 내 몸에 맞지 않으면

고객은 당당하게 수선을 요구했지. 고객은 결코 '표준'

사이즈보다 더 두꺼운 허벅지 때문에, 혹은 B컵보다 작은 자기 가슴 때문에 주눅들 필요가 없었단다. 하지만 어느덧 우리는 공장식 제품의 획일화된 사이즈에 내 몸이 맞지 않으면 우리 몸을 비난하게 되었지. 청바지를 사러 갔다가 허벅지에서 걸리거나 바지 단추가 잠기지 않으면 오히려 옷에 맞지 않는 내 몸을 부끄러워하게 된 거야.

결국 이 긴긴 이야기는 우리가 사는 세상이 온통 우리에게 자기혐오를 부추기고 있다는 말이었단다. 자기혐오를 팔며 '업그레이드'하라는 이 문화 한복판을 살면서, 있는 그대로의 나를 사랑하는 것은 참 힘든 일이야. 하지만 있는 그대로의 내 모습에서 사랑스러움을 발견해주는 사람, 만나면 만날수록 나만의 사랑스러움이 점점 더 드러나게 되는 사람, 그런 사람과의 만남이 사랑이 아닐까? 그런 사랑이 아니라면 용감하게 '사랑받지 않을 선택'도 할 수 있기를 바란다.

남자다움이

도대체
뭔가요?

예찬아! 너를 떠올릴 때면 나도 모르게 기분 좋은 웃음부터
난다. 기억나니? 여중, 여고, 여대를 졸업하고 여대에서만
14년을 가르친 나에게 남학생의 생소함을 한 방에 날려 준
일화야. 남녀공학으로 부임한 첫 학기였지. 가을이었어.
하루의 마지막 수업 시간이었기에 날도 어둡고 제법
쌀쌀했지. "으, 춥다." 건물 밖을 나오면서 나는 반사적으로
두 팔을 감싸 비비며 몸을 움츠렸지만, 누군가의 반응을
기대한 행동은 아니었어. 사실 여학교를 오래 다니다 보면
자연스럽게 남자의 반응을 기대하는 행동 같은 건 습득할
겨를이 없거든. 하하, 그래서 오히려 여학교 학생들이 훨씬
더 주체적이고 활동적이라고 말하기도 해. 뭐든 자기가
하니까! 그런 곳에서 배우고 가르쳐 온 나에게 네 반응은
정말 예상 외였지. "아, 교수님! 이리 오세요." 두 팔 벌려
환하게 웃는 너를 보면서 아주 잠깐 놀라기도 했단다.

하지만 같이 나오던 친구들이 "예찬이가 예찬이 짓을
했네요!"라며 밝게 웃는 모습에 나도 함께 웃어넘겼어.
너의 비언어적 의사소통은 호의였지 희롱이 아니었음을
이내 알아차렸으니까.

　"남자는 해병대죠!" 이미 전역한 뒤라고 자신을
소개하면서 몸 쓰고 힘쓰는 일에 자신을 아끼지 않았던
너를 모두가 좋아했어. 개척교회 목사님의 큰아들로
자라며 몸에 배었을 봉사와 헌신도 한몫 했을 거야. 그러고
보면 넌 언제나 자신감이 넘쳤어. 하지만 내가 아들아이의
엄마이기 때문일까? 아니면 세상이 만들어 놓은 '남성'에
대한 기준이 구성적이라는 걸 이론으로 배워 알아서일까?
네가 신명나게, 힘 있게 나서는 행동임에도 난 가끔 걱정이
되었단다. 예찬이 네가 세상이 요구하는 '남자다움'에
압도당하여 행여 '너다움'을 생각해 볼 겨를이 없었던 것은
아닐까 싶어서.

졸업반 진로 상담 시간에 너를 마주하고서야 비로소
나의 걱정이 실재라는 걸 알게 되었지. 너는 단 한 번도
보이지 않았던 주눅든 모습으로 주저하며 나에게 말했어.
우렁차던 네 목소리가 그날만큼은 입속에서 맴돌다
작게 새어 나오더구나. "교수님, 저는 주섬주섬 사는 게

꿈이에요." 너는, 너무 확고한 소명에 사로잡혀서 자신을
올인하고 가족도 희생시키는 그런 삶은 싫다고 했지. 아,
목회자이신 아버지의 헌신이 네겐 무거웠구나! 몇 번의
상담을 통해 너를 짓누르고 있는 것들이 무엇인지, 그리고
실은 네가 살아 내고 싶은 삶이 무엇인지 파악할 수 있었어.

　　예찬이 아버지는 말끝마다 말씀하셨다고 했지. "뭐든
솔선수범하고 궂은일은 네가 먼저 해라. 그게 주께 영광
돌리는 길이다." "너는 남자다. 힘든 내색 하지 말아라."
그래서였을 거야. 무엇이든 네가 감당하고 책임져야 하는
이유가 주님께 영광이 되기 때문이라고 생각했던 것 같아.
또한 그게 '남자다움'이라고 여겼고. 아버지의 말씀을
정답으로 받아들이며 너는 최선을 다했어. 하지만 직업에
대한 아버지의 조언에 숨이 막혔다고 했지. "신학대학원에
가서 더 공부한 뒤에 목회자로 헌신을 하든지, 아니면
세상에서 번듯한 직업으로 돈을 많이 벌어 선교헌금
잘하는 모범적인 장로가 되든지, 기도하면서 고민해 봐라."
상담 3회 차쯤이었나? 넌 아주 조심스럽게 털어놓았어. 둘
다 너의 선택지가 아니라고.

　　넌 '여유 있는 삶'을 살고 싶다고 했어. 작은 마을에서
학창 시절부터 같이 자라 어느덧 청년이 된 동네 친구들과
퇴근길에 연락해서 만날 장소를 정하고, 너무 잘 알아

가족과 같은 주인이 있는 식당에 둘러앉아, 하루를 기승전결 없이 두런두런 나누며 보내고 싶다고, 그런 평화로운 삶을 살고 싶다고 말이야. 예찬이 네가 생각하는 여유는 그런 거였어. 통장이 두둑하고 살림이 풍족한 경제적 여유를 위해 매일 에너지를 갈아 넣는 삶은 싫다고 했지. 예수께서 말씀하신 '일용할 양식'을 얻을 수 있는 일이라면 이것저것 하면서 성실하게 벌겠지만, 정규직에 매이고 싶지는 않다고. "사실 제 실력으로 정규직을 얻는 것도 어렵지만요, 그건 제가 원하는 삶이 아닌 거 같아요." 더군다나 넌 군대에 있는 동안에도 좋은 관계를 유지했던 캠퍼스 커플 지혜와 직업관이 다른 것을 걱정했지. 복수전공에 교직 이수까지 하면서 차근차근 고등학교 종교 교사를 준비하는 지혜 보기가 민망하다고 말이야. 하지만 예찬아, 남자가 여자보다 더 안정적인 직업을 가져야 한다거나 남자 연봉이 여자보다 더 높아야 한다는 것은 '제도적 감정'일 뿐이야. 물론 사회적 동물인 사람은 제도적 감정으로부터 자유롭지는 못해. 이미 구성되고 합의된 제도 안에서 태어나 자라는 동안 그것이 '원래'이자 '당연'이라고 믿어 왔을 테니까. 하지만 수업 시간에도 늘 강조했듯이 사람 관계 안에서 '원래 그런 것(The way things are)'은 없단다. 그러면 그건 '자연(自然)'이지. 자연은 '스스로 그러함'이잖아. 하나님께서 창조하신 그대로의 법칙대로 언제나 변함없이 생사를 반복해. 하지만 사람은 자연의 일부이기도 하면서 동시에 '창조'할 수 있는 존재야. 사회를 만들었고, 그 안에서 여러 문물과 사는 방식을 창조했지. 그래서 특정 시대, 특정 공간에서 태어난 사회 구성원은 그 사회에서 지배적인 제도가 가르치는 대로 자신의 감정을 내면화할 수밖에 없어.

선택지를 놓고 감정이 얽히고 이성이 혼란스러울 때는 잠시 판단을 유보하고 찬찬히 실타래를 풀어 보는 것도 도움이 된단다. 매사 자신감 있고 늘 앞장서던 예찬이가 왜 '직업'이라는 인생의 선택을 놓고서는 아버지를 향해서도, 지혜를 향해서도, 그리고 내 앞에서도 주눅이 들게 되는지. "남자는 액션, 여자는 리액션이죠!" 운동장을 가로지르며 다람쥐처럼 공을 드리블하는 네 모습에 지혜와 학과 여학생들이 환호하자 넌 아주 자랑스럽게 달려와서 그렇게 말했어. 사실 그곳에서는 여학생들만이 아니라 남학생들, 교수들도 함께 환호하고 있었는데…… 사실 그 상황은 게임을 잘하는 선수를 향해 응원하는 사람들이 힘을 모았던 거지, 남녀의 문제가 아니었단다. 그런데 왜 예찬이 눈에는 응원하는 여학생들만 보였을까? 그런 선택적 인지를 하게 만드는 것이 '제도적 감정'이야.

　　예찬이가 느끼고 있는 것은 '가부장제'와 '근현대
성과주의제'에 더하여 개신교의 '소명' 교리까지 덧붙은
복합적 감정이라고 생각해. 이 세 가지가 엉켜서 만들어진
제도적 감정에 정작 '나의 감정'이 빠져 있었던 거지.
그런데 하필 직업관에서 비로소 '나'가 발현되었던 거야.
넌 혼란스러웠겠지만, 난 반가웠단다. 네가 비로소
하나님이 부여하신 너만의 개성을 마주한 것 같아서. "아,
교수님. 무슨 의사 선생님같이 말씀하시네요!" 편지가
아니라 면대면 대화였다면 너는 이렇게 반응했겠지?
인문학자도 의사와 다르지 않아. 내과 의사가 몸 내부의
병을 파악하고 치료에 도움을 주는 전문가이고 외과
의사가 외상에, 정신과 의사가 정신의 상처에 도움을 주는
전문가라면 인문학자는, 특히 사회학과 신학을 전공한
전문가라면 사회와 제도 안에 살아가면서 만들어진 사람의
성품이나 태도, 행동, 가치관을 잘 관찰하고 그것이 한
사람을 아프게 만들 때 실타래를 풀어 가는 데 도움을 줄 수
있거든.

　　주섬주섬 살고 싶다는 너의 직업관에는 물론 세대적
감정도 작용했을 거야. MZ세대가 추구하는 '워라밸'
말이다. 한 세대에 유난히 지배적인 태도나 감정이 있다면

그 역시 제도가 부여한 것이지. 우리나라가 한창 산업화에 몰두하던 당시는 '잘살아 보세'라는 노래가 매일 나오고, 새벽부터 저녁 늦게까지 일하는 것이 일상이었지. 예찬이 아버지는 그 시절의 세대적 감정을 가지고 계신 거야.

물론 연배 면에서는 예찬이 할아버지 시절의 감정일 수도 있겠지만, 어려서 조실부모하시고 일찌감치 생계 현장에서 고생하신 아버지의 성장사를 돌아본다면 충분히 그러실 수 있어. 산업화 시절 우리나라는 고도성장을 이루고 있었기 때문에 근면성실한 대부분의 중산층이 비교적 만족스러운 성취를 할 수 있었단다. 물론 도시 빈민이나 낙후된 농촌 환경은 또 다른 사회적 문제였지만, 예찬이의 직업관을 주눅 들게 만든 제도적 감정은 '산업적 도시 중산층 사회'의 전형적인 산물이야. 도시 중산층 성인 남성의 경우 결혼 후 안정적인 외벌이가 가능한 직업 환경이 제법 확보되어 있었고, 우리나라로서는 거의 처음 대규모로 '전업주부'라는 직군이 생겨날 수 있었지. "이그, 남자가 얼마나 못났으면 자기 여자를 밖으로 내보내냐!" 뒤늦게 시작하신 개척교회 상황이 너무 안 좋아 어머니가 맞벌이라도 할까 제안하셨던 날, 예찬이 아버지는 화를 내셨다고 했지. 예찬이 아버지의 제도적 감정이었던 거야. '아내를 책임진다'는 말의 의미가 아버지에게는 그렇게 이해되었던 거지.

하지만 예찬이 세대라면 다 알 거야. 1997년
IMF 이후에 가장 중심의 외벌이 생계형 핵가족 제도는
빠르게 무너져 내렸어. 그 경제적 혼란 속에 아동기를
보낸 청년들이 지금 MZ세대의 윗 마지노선이라면,
21세기에 태어난 청년들은 '아빠만 일하는 가정'이 매우
드문 환경에서 성장했지. "학교 졸업 후에 신부 수업
하고 있어요." 이제는 이런 말이 통하지 않는 시절이야.
이게 무슨 말이냐고? 하하, 내 시절만 해도 중산층 젊은
여자의 경우 생계형 배치가 아니고서는 고등학교, 대학교
졸업 후 결혼 직전까지의 기간을 저렇게 표현했어. 그게
받아들여지던 문화였지. '신부 수업'이 뭘까? 요리를
포함해 집안에서 하는 노동에 적합한 훈련들이었지.
그렇다면 '신랑 수업'은 뭐였을까? 당연히 안정적인
직업을 갖는 것이었겠지? 이렇게 성별에 따라 역할
배치가 확고했던 사회가 '산업적 봉건사회'였던 거야.
신랑은 산업화에 맞춰서, 신부는 봉건적 여성 역할로
사회화되었지.

더구나 그 시절과 시대와 공간이 일치했던 개신교는
변화하는 제도적 감정에 신적 정당성을 부여했어. 그건
서구 사회도 한국 사회와 마찬가지였지. 언젠가 수업

시간에 한국 교회 지도자로 추앙받는 한 목사님의 설교
내용을 소개해 준 적 있었지? '완전한 남자를 만드는
완전한 여자'에 대한 설교 말이다. 전형적인 외벌이 가장과
내조형 아내를 전제로 한 설교였어. 그 말씀이 틀렸다는
게 아니라, 그 설교는 사회학적으로 특정한 한 집단(외벌이
핵가족 유형의 가정)을 신적으로 격려해 주는 내용이었을
뿐이야. 개신교 전개 과정에서 교회 구성원 다수가 하필
외벌이 핵가족 유형의 (쁘띠)부르주아들이었기 때문에 그런
가르침은 저항을 받기보다 오히려 은혜가 되었지. 하지만
사회도 변하고 상황도 변했단다. 요즘 여성의 소명은 '돈도
벌고 가사일도 열심히 하는 것'이라고 하더구나. 남편에게
안팎의 일을 같이 하길 요구하기도 하고 말야.

물론 서로 돕는 것은 건강한 관계야. 하지만 사회 변화에
따라 바뀌는 말씀은 진리가 아니지. 예찬이가 직업
선택이나 아버지, 지혜와의 관계에 있어 먼저 물어야
하는 것은 오히려 너의 타고난 성품과 재능이어야
한단다. 내가 아는 예찬이는 사람 챙기기를 좋아하지만,
지속적인 심각함은 못 견디는 성품을 가진 것 같아. 의사에
비유한다면 연구형이라기보다는 응급실형이라고 할까?
거기서부터 시작해 보면 어떨까? 너는 무얼 좋아하는지,

무얼 잘하는지, 무얼 하면 행복한지 그런 질문을 하면서
말이다. 물론 너의 재능이 직업과 연결되면 좋겠지만, 행여
그게 어렵더라도 또 다른 방안을 찾을 수 있을 거야.
'주섬주섬'이 결코 '게으름'과 동의어는 아니니까.

　　　지혜는 너의 걱정과는 달리 너의 직업관에 대해 다른
이야기를 할 거야. 상담 원칙상 세세한 이야기를 전해 줄
수는 없지만, 어쩌면 예찬이 너보다도 너의 성품을 더 잘
파악하고 있는 것 같더라. 넌 지혜가 페미니즘 서적을
읽는 것을 못마땅해하지만, 그 덕분이라고 생각하렴.
지혜는 남자다움과 여자다움이라는 제도적 감정을 넘어서,
하나님의 형상으로 지음 받은 자신에 대해 묵상하고 있는
중이거든. 그 훈련을 하면서 비로소 너도 있는 그대로
보게 되었다고 하더구나. 그 모습이 여전히 사랑스럽다니
예찬이 너는 복 받은 것 같다. 행여 세상이 '알파걸',
'베타보이'라고 불러도 그런 시선에 주눅 들지 말기를, 둘이
손 꼭 잡고 세상의 편견을 이겨 나가기를 응원한다. 진정한
사랑은 혁명이거든. 나를 바꾸고 너를 바꾸고 결국은
세상을 바꾸지.

자살이
사는 것보다

더
쉬운 것
같아요

아, 자주 듣지만 결코 익숙해질 수 없는 말입니다. 강단에
서서 푸른 청춘을 만난 지 스무 해가 가까워오는데, 내가
만난 청춘들은 푸르지 않았습니다. 아니 '못'했습니다.
처음에는 답을 해야 하는 당황스러움보다 그런 질문을
받게 되는 상황이 더 힘겨웠지요. '나를 스스로 죽이는 것.
가, 불가를 떠나 그것조차도 교수에게 물어보고 허락을
받아야 하는 일인가?' 내심 이런 생각도 들었습니다.
물론 죽고 싶을 만큼 괴로운 학생의 상황을 무심하게
지나치거나 무시했다는 말은 아닙니다. 당신이 알아서
결정하라는 무책임도 아닙니다. 다만, 정말 궁금했습니다.
내가 "죽지 말아요. 살아내요"라고 하면 사는 선택을 할
것인지, 그 답이 과연 자신이 아닌 타자에게서 얻을 수
있는 것인지. 처음처럼 지금도 여전히 어렵고 당황스러운
질문이기에, 누군지도 모르는 당신으로부터 이런 질문을

받아들고 주저하고 있다는 것을 이해해 주세요.

　　기독교 사회윤리학을 전공하는 사람이지만 나라고
모든 삶의 문제에 정답을 제시할 수 있는 것은 아닙니다.
반백 년을 훌쩍 넘겨 산 어른이라고 해도 나의 답이
언제나 먼저 살아낸 지혜를 전달하는 것도 아니고요.
하지만 배경도 이유도 잘 알지 못하는 상황에서 한 줄로
전달된 당신의 질문은 물음표마저 없었습니다. "자살이
사는 것보다 더 쉬운 것 같아요." 그저 청소년이라는
정보만 건네받았던 이 질문에 어떤 답을 해야 할지…….
자살은 생명을 주신 하나님과 부모님에 대한 죄라는
교리적, 윤리적 답을 듣기 위해 내게 물은 것은 아니라는
걸, 잘 압니다. 그건 기독교 전통에서도, 유교적 문화
안에서도 너무나 자명하게 강조되어 왔으니까요. 심지어
기독교의 경우는 지옥에서 받게 될 무시무시한 형벌을
묘사하며 엄격한 금지 명령으로 작동하기도 했죠. 그걸
다 알면서도 내게 그 한 문장을 숙제처럼 던져주었다면,
아마도 당신은 그 질문을 가지고 나를 찾아왔던 학생들과
같은 마음이었을 거라고 생각합니다. 뭔가 다른 답을
주지 않을까 하는 기대, 혹은 내가 살아야 할 이유나 힘을
당위나 명령으로가 아니라 다른 방식으로 얻고 싶은 마음
말이에요.

나 역시 자살을 생각해보지 않았던 것은 아닙니다. 실은 누구나 더 살고 싶지 않다는 생각을 하게 되는 순간이 있죠. 철학적으로 답한다면 그건 모든 인간에게 '에로스(Eros)'와 '타나토스(Thanatos)'가 공존하기 때문입니다. 에로스는 이 맥락에서 정의한다면 살고자 하는 열정이자 에너지예요. 타나토스는 죽으려 하는, 존재하기를 그치려 하는 열망이자 에너지이죠. 사실 인간을 제외한 다른 생명체들도 태어나고 성장하고 시들고 죽습니다. 하지만 죽기를 열망하지는 않죠. 그저 자연의 법칙에 따라 생명을 다할 뿐입니다. 인간을 제외한 다른 생명체에게는 타나토스가 없어요. 물론 철학적 의미의 에로스는 단순히 생물학적 생명을 이어가려는 열망 이상의 것이기에, 깊게 들어가 말한다면 에로스도 인간의 감정이요, 태도요, 에너지라고 말해야 합니다. 하지만 넓게는 '살고자 하는 열망'이라는 점에서 모든 생명은 에로스를 공유한다고 봅니다. 다만 타나토스는 오직 인간만의 에너지고 능력이고 선택이에요.

그럼 하나님은 왜 타나토스를 인간의 본성 안에 허락하셨을까요? 이건 신정론과도 비슷한 질문인데요, 하나님이 악을 만드신 것이 아니라 세상의 악은 결국 '선의 결핍'이라고 답한 신학자들의 이야기를 여기서도 적용해

볼 수 있을 것 같아요. 하나님께서 타나토스를 만드셨거나
허락하셨다기보다는 선물로 '자유 의지'를 주신 결과로서
우리가 갖게 된 능력 중 하나라고 생각합니다. 자유 의지는
하나님을 닮은 능력이죠. 그래서 인간의 자유 영혼은
자연의 법칙은 물론 타율에 사로잡혀 살면서 그것을 '당연'
이나 '운명'으로 생각할 수 없는 겁니다. 하지만 하나님과
달리 인간은 유한자라서 그 자유를 절대적, 초월적으로
누리고 살 수 없어요. 언제나 시간과 공간, 제도와 환경의
제한을 받게 되죠. 예술가나 사상가 중에서 유난히 자살을
선택하는 사례가 많은 까닭은 이 때문인지도 모르겠어요.
나로서 자유롭게 살고 싶은데 내가 속한 세상이, 조직이,
문화가, 이웃이 자꾸 나를 타인의 기준으로 제한하려
하니까요. 혹 제한하고 규제하지는 않는다 해도 결국
그들과는 다른 나를, 나의 의미를 다 담아내지 못하니까요.
그래서 자꾸 좌절하고 실망하고 지치고 결국엔 존재하기를
그치는 선택을 하는 것이 아닐까, 그런 생각을 해봅니다.

예술가도, 뛰어난 사상가도 아니지만 나도 '존재하기를
그쳤으면' 하는 생각을 자주 했어요. 아주 어릴 때부터였죠.
다만 자살의 가능성을 생각하지는 못했답니다. 모범생이고
소심했던 어린 시절의 나는 '어른의 답' 더구나 종교적인

154

거룩함과 진리의 위엄을 가진 율법으로부터 자유롭지 못했으니까요. 인간에게 선택지가 있다는 것보다 자살은 죄라는 생각이 훨씬 더 강력하게 나를 사로잡았던 거죠. 그래서 나는 유치원 시절부터 잠자리에 들기 전에 하나님께 간절하게 기도했어요. "하나님, 제가 오늘 밤 잠이 들면, 내일 아침에는 깨어나지 않게 해주세요." 목회자 자녀는 공짜로 다닐 수 있었던 교회 유치원이었기에 1년 과정을 3번이나 반복해서 정확히 그때가 몇 살이었는지 모르겠지만, 혹시 내일 깨어나게 되었을 때를 대비해 노란 원복을 머리맡에 가지런히 놓고서 어린 나는 매일 밤 그런 기도를 드렸죠. 생명을 주신 하나님의 도움으로 존재하기를 그치고 싶었던 겁니다.

맞아요. 이르면 다섯 살, 늦어도 일곱 살이었을 어린 나조차도 그 답을 알고 있었어요. 존재하기를 그치는 것이 사는 것보다 더 쉽다는 것을. 자신이 살아가고 싶은 방식, 자신을 표현하고 싶은 방식이 저지당하고 제한받고 나아가 침범당한 사람이라면 누구나 같은 대답을 할 거예요. 당신도 실은 답을 알고서 내게 물었던 것이겠죠. 사는 건 결코 쉽지 않아요. 힘겨운 공부나 노동을 해야 하고, 인간관계 안에서 환영받고 존경받는 존재가 되어야 하는 길이 험난하고 고단하기 때문만이 아니죠. 사는 게 쉽지

않은 가장 근본적인 이유는 우리가 살아가는 이 세계를
우리가 만들지 않았기 때문이에요. 편의상 '어른들의
세상'이라고 불러볼까 봐요. 어느 아기도 진공 상태에서
태어나지는 않으니까요. 수없이 많은 타자가 자기들의
방식대로 '이미' 만들어놓은 세상, 그리고 그런 방식에
가치를 부여하고, 등급과 순위를 정하고, 아주 자랑스럽게
'교육'이나 '사회화'라는 명목으로 나의 존재를 자꾸
자기들의 방식으로 바꾸려고 하는데, 사는 게 어떻게 쉬울
수 있겠어요?

사람이 존재하기를 스스로 선택해서 그치는 것은
표면상으로 경제적 어려움, 학업의 실패, 우울증, 왕따
등 여러 가지의 항목으로 이야기할 수 있을 거예요.
특히나 부의 분배가 양극화되고 팬데믹 상황의 장기화가
가져온 청년실업 상황은 물리적으로 존재하기의 고통을
더욱 가중시키고 있죠. 하지만 그 모든 어려움의 종류나
정도를 포괄하여 가장 근본적인 이유는 생긴 대로,
내 방식대로 내 삶을 이끌어갈 조건이 주어져 있지
않다는 것입니다. 절망은 그것이 지속적이어서 내가
더는 버텨낼 존재의 힘이 사라졌을 때고요. 그래서 사실
자살은 스스로 존재하기를 그치는 것처럼 보이지만 사회
전체의 시각에서는(어쩌면 하나님의 시선에서도) '타살'이기도

해요. 그가 '더 쉬운 선택'을 하도록 방치, 나아가 부추긴 셈이니까요.

'와스프(WASP, 백인·앵글로색슨·개신교. 거기 하나 더한다면 Men, 즉 남자들)'라고 불리는 미국의 주류 사회 속에서 흑인 여성으로 살아간다는 것은 아주 많이, 더 강렬하게, 더 자주 '스스로 존재하기를 그치고 싶게' 만들죠. 엔토자케 샹게 (Ntozake Shange)는 자신의 무용시극 ⟨무지개가 뜰 때/자살을 생각해 본 유색소녀를 위하여⟩(For Colored Girls Who Have Considered Suicide/ When the Rainbow Is Enuf, 1975)에서, 태어날 때부터 자신을 있는 그대로 사랑하고 표현할 수 없도록 배치된 흑인 소녀들의 아픔과 그럼에도 가져야 할, 가질 수 있는 희망을 노래했어요. 문학비평가도 연극평론가도 아니지만 샹게의 희곡 제목에서 빗금(/)의 역할은 너무나 중요하다고 생각해요. 단절되어 있지도 부제로 달지도 않고 빗금 그어진 제목에서 저는 양가적인 감정을 읽었죠.

지금도 기억이 나요. 대학원에 다닐 때 급하게 번역하여 발표하는 과정에서 빗금을 놓친 발제자가 영어 제목 없이 한글로만 이렇게 소개한 적이 있었어요. "무지개가 뜰 때 자살을 생각해 본 유색 소녀들을 위하여" 우리는 엉뚱하게도 사회학적 이론인 'J curve' 즉, 바닥을 쳤을 때는 의사결정을 할 여력이 없는데 살짝 희망이

보이거나 존재의 기운을 차리게 되었을 때 혁명이든 자기
결단이든 하게 된다는 이론을 적용하며, 유색 소녀들이
하필 무지개가 뜰 때 자살을 생각하는 이유는 정작 폭풍
가운데에 놓여 있을 때는 스스로 존재하기를 그치는
결단조차 할 수 없었기 때문이라고 했었죠. 그것이
(성)폭력이었든 인격적 모멸감이었든 사람으로서의 자기
존재의 경계를 지키지 못하고 유린당한 흑인 소녀가 더
이상 이런 방식의 세상과 관계 속에서 존재하기 싫다는
결단으로 자살을 선택하는 상황은 아마도 폭풍이 지나고
언제 그랬냐는 듯 활짝 갠 하늘에 뜬 희망과 약속의 상징
무지개를 보면서였을 거라고요. 영화에서도 종종 보듯,
죽을 장소를 선택하는 사람들은 자주 푸르고 높은 절벽,
바다 같은 아름다운 대자연으로 가지 않더냐고, 그런
토론을 나누었죠.

　　우리가 나누었던 이야기는 아주 자주 흑인 소녀들의
상황에서는 사실이었을 거예요. 우리는 무지개의 상징성을
보지 못하고 현실의 비극성에만 집중했었죠. 하지만
그때의 우리는 빗금을 놓쳤어요. 빗금은 다른 차원을
부여합니다. 나도 후에 미국에서 다시 원문을 접하면서
비로소 그 빗금을 발견했죠. 빗금은 나에게 이렇게
말하고 있는 듯했어요, "하얀색이 정상이요 우월하다는

북아메리카에서 유색 소녀로 태어나 생존하는 것에
지쳐서 이제는 존재하기를 그친 소녀들이여, 당신이 만약
자살을 생각하고 있다면 그때/ 무지개가 뜨는 순간을
생각해 줘요. 이 희곡은 바로 당신들이 그래 주기를 바라는
마음에서 만들었어요." 유색(Colored)은 부끄러운 것도,
혐오의 이유도 아니에요. 만약 잘못된 것이 있다면 유색을
열등과 부끄러움, 혐오와 멸시의 기호로 만들어버린 백인
사회겠죠. 이건 흑인과 백인을 이항대립적으로 갈라놓아
갈등을 부추기고 싸움을 일으키자는 말이 아닙니다.
하지만 유색 소녀가 자기 자신을 있는 그대로 사랑하고
그 모습이 그녀가 살아가는 세상과 관계에서 긍정적으로
받아들여지게 하려면 갈등과 싸움을 피할 수 없을 겁니다.
    그래서 실은 사는 것이 더 어려운 겁니다. 하지만 이
땅에 '생명'으로 태어난 우리는 그 자체로 이 땅에서 존재할
권리와 의무가 있어요. 의무라는 말은 건네기 조심스럽긴
해요. 이미 지친 당신에게 숙제를 주는 것 같아서요.
그래서 권리를 더 강조하고 싶네요. 권리를 확보하기 위해
하루씩 숨 쉬고 살아내다 보면 어느덧 존재의 힘이 생기고,
살아내는 것이 의무라고 생각하는 것 자체를 버거워하지
않을 날이 올 거예요. 사람의 몸은 참 신기해요. 오장육부
모든 기능이 약해지면 물도 소화를 시키지 못하죠. 숨만

쉬는 것도 버거워요. 그런데 다음 단계 생각할 것 없이 그저
성실하게 지금 내가 존재하기 위해 할 수 있는 것, 그러니까
버거운 숨쉬기를 아주 성실하게 해내다 보면, 몸은 조금씩
능력을 회복해 가요. 의식과 의지도 따라가죠. 일어나
스스로 움직이고 걷다 보면 스스로 '나의 것'을 만들어볼
생각도 하게 되죠. 하나님께서 이 땅에 '살아라' 복 주시며
생명으로 주신 존재이기에 숨만 쉬고 있어도 그건 당당한
권리인 거예요. 내가 숨만 쉬는 동안 그럼 내 먹거리는
어떻게 하냐고요? 그래서 우리가 공동체로 존재해야 하는
거 아닐까요? 우리는 이미 선례를 가지고 있죠. '감사'라고
번역되는 '유카리스티아'는 초대 교회의 예배에서 떡을
떼고 함께 음식을 나누며 당일 참석하지 못했던 사람들의
몫까지 챙기던 의례의 이름이었어요. 우리가 아무리
애써도 사는 게 더 쉬운 공동체를 만들기는 어려울 거예요.
하지만 사는 것만으로 너무 기특하다고 서로 토닥여주고
숨이 붙어 있을 수 있게 물질적, 정서적으로 기꺼이 나누는
구체적 공동체를 가진다면 우리는 그 어려운 선택을
계속할 수 있을 거예요. 누군지 모를 당신이 그 '어려운
선택'에 동참하기를 간절히 기도해봅니다.

하나님이
정말
계신지

모르겠어요

종강 무렵에 오는 쪽지나 메일은 대부분 성적 확인과
관련된 것이라서, 그날도 난 업무 모드로 폭풍 클릭을
하고 있었지. 그런데 정훈이 너의 메일에 잠시 일상이
멈추었단다. 물론 네가 나의 바쁜 일상을 방해했다는 뜻은
아니야. 다만 방학 한중간이었다면 모를까, 학생도 교수도
모두 최종 성적에 관심을 가지는 시기였기에 평가되지
않는 질문, 그것도 매우 근본적이고 사색적인 질문을
던진 너의 상황을 파악하느라 당황했다고 할까. 더구나
코로나로 인해 모든 강의가 비대면으로 진행되었기에
한 학기 내내 너의 비언어적 의사 표현을 읽어낼 기회가
없었던 나로서는 정훈이가 얼마나 진지한지, 얼마나
간절한지 헤아릴 근거가 없었어. '혹시 이런 질문을 통해
나에게 심정적 가산점을 받으려는 것은 아닌가' 하고
네 의도를 의심했던 것도 사실이란다.

그래서 그랬어. 아주 짧은 답신 말이다. "지금은
성적처리로 매우 바쁜 기간입니다. 2주쯤 지나서 다시
메일 줄래요? 내가 잊을 가능성이 있어서요." 이렇게
다소 사무적으로 보냈었지. 나름 계산적이었어. 2주쯤
뒤라면 이미 최종 성적이 확정된 뒤니까 네가 메일을
보내지 않는다면 나의 의심이 매우 합리적이었을 거라는
판단이었지. 그런데 너는 정확히 2주 뒤에 다시 메일을
보냈더구나. 더구나 너의 사적인 이야기까지 털어놓은
매우 진지하고 간절하고 긴 내용이었지. 사연을 읽기 전에
나는 뜨끔했어. 정훈이 네가 나에게 마음을 열어주었으니
망정이지, 만약 나의 사무적인 첫 번째 메일에 마음이
닫혀서 두 번째 메일을 보낼 용기를 잃었다면 어땠을까?
그럼 난 내가 보듬을 수 있었던 한 영혼을 놓쳐버렸을
거야. 무엇보다 다시 용기를 내준 것, 그리고 우리가 나눈
이야기들을 이렇게 많은 이들과 공유하도록 허락해준 것
모두 고맙다. 너와 같은 고민을 하는 친구들이 많을 거라는
말도 고마웠지만, 매번 이렇게 한 사람씩 다 답하다 보면 내
건강이 상할 것 같으니 비슷한 고민을 하는 다른 친구들이
읽고 도움을 얻었으면 좋겠다는 너의 배려 깊은 말에도
감동을 받았어.

"하나님이 정말 계신지 모르겠어요." 대한민국 어느
어른도 건드리기 힘들다는 중학교 2학년 시절에 너는
오히려 처음 하나님을 만났다고 했어. '만났다'는 말에
나는 궁금함이 일어서 얼른 다음 글을 읽어내려갔지.
'만남'에는 여러 차원이 있거든. 정훈이는 만났다고 하지만
실은 만난 것이 아닐 수도 있고. 그래서 더 집중하며
읽게 되었나 봐. 친구를 따라서 한 교회의 여름수련회에
참석했던 당시라고 했지. 모범생이던 아이들도 잠시
일탈을 꿈꾸는 그 나이에 오히려 신앙을 가지려 했다는
것이 기특하더구나. 하지만 다음 구절들을 읽으며 그럴
수밖에 없었겠구나 싶었어. 아무리 네가 허락했다고 해도
너무 사적인 가족사를 구구절절 여기서 다 풀어내지는
않을게. 어린 시절의 정훈이는 연로하신 할머니와 두
아이를 방임한 채 늘 교회에서만 사시는 어머니가 도무지
이해되지 않았다고 했지. 아버지의 무능력이나 폭력
때문에 도피처로서의 공간과 다른 관계망을 필요로 했을
거라고, 이제는 어느 정도 어머니를 헤아리게 되었다고
했지만, 어린 시절의 정훈이는 아버지보다 어머니가 더
미웠다고 썼더구나. 어쩌면 그건 '기대'라는 감정을 가지고
있었기 때문일 거야. 군대에도 열외라는 것이 있다면서?
너에게는 아버지가 열외였던 것 같다. 오히려 어머니를

그렇게까지 미워했다니 말이다. 하지만 따지고 보면 정훈이와 동생에게까지 폭력을 행사했던 아버지에 비해 적어도 어머니는 가해를 하지는 않으셨잖니. 눈을 맞추며 밥상에 함께 앉아 아들이 밥을 먹는 모습을 지켜보신 것은 아니었지만, 집에는 새벽같이 일어나서 교회 가시기 전에 엄마가 만들어놓으신 음식들이 늘 떨어지지 않았다고 했어. 아마 어린 시절의 정훈이는 떨어지지 않는 음식보다 따뜻한 엄마의 손길을 기대했나 보다.

그 기대가 잘못되었다는 것은 아니야. 어머니는 가해자는 아니셨지만 분명히 방임자이기는 하셨으니까. 일단 본인의 부재 상황에 가정에서 벌어지는 모든 일을 방임하신 것은 맞잖니. 내가 섣불리 어머니의 인생을 판단하거나 옳고 그름을 말할 수는 없다고 생각해. 다만 정훈이 어머니의 그런 결정이 정훈이와 동생에게 미쳤을 영향에 대해서는 분명하게 말할 수 있지. 하여튼 네 의지와 상관없이 할머니와 남동생의 보호자가 되어 버티고 견디느라 너의 아동기는 힘겨웠다고 했어. "교수님, 저는 한 번도 아이였던 적이 없어요." 누군가에게 온전히 사랑받고 보호받는 '아이'이고 싶었던 너의 간절함이 글자에 묻어 있더구나. 그래서 여름수련회에 참석하게 되었다고 했어. 밥상에 펼쳐져 있던 어머니의 성경책에서 우연히 발견한 한 단어, '하나님의 자녀'를 보고 말이야.
어느 구절이었는지 기억나지 않지만 신앙인은 다 하나님의
자녀라는 말에, 어쩌면 그 하나님에게는 내가 사랑받고
보호받을 수 있겠구나 하는 기대감이 생겨서 수련회를
간다는 친구를 따라나섰다고 했지.

처음 듣는 낯선 언어들, 심지어 방언이라 부르는
이상한 소리 때문에 첫날은 겁이 났다면서? 심지어
"랄랄랄랄" 하면서 혀를 계속 부드럽게 굴리면 방언을 받을
수 있다는 '가이드'에 간절한 마음으로 열심히 "랄랄랄랄"
을 반복하기도 했다니, 문득 나의 청소년 시절 여름수련회
일화도 떠오르더구나. 성령은사체험을 강조하는 강사님이
수련회에 온 학생들을 훈련하셨는데(그 '랄랄랄랄' 말이다),
나 혼자 따라하지 않아서 공개적으로 혼난 적이 있거든.
무슨 배짱인지 나를 나무라시는 강사님께 당돌하게
답했었지. "저는 정신 똑바로 차리고 내가 무슨 말을
하는지 확실하게 알면서 하나님께 기도할 거예요. 그리고
하나님께서 제게 무슨 말씀을 하시는지도 맨정신에
받겠어요!" 정훈이 말처럼 난 매우 '차갑게' 하나님을
만났던 신자야. 수업 시간 내내 이성적이어도 하나님을
만날 수 있다고 했던 내 말을 기억하지? 정훈이도 열심히
연습했다는 '랄랄랄랄'은 어째 세대가 변해도 바뀌지를

않는구나. 간절한 노력에도 불구하고 방언은 받지
못했지만, 그 수련회에서 너는 하나님을 만났다고 했어.

　　　의미 없는 발음을 반복하다가 그만두고 너는 생애
처음으로 하나님께 기도를 드렸어. 어린 시절부터 짊어져
온 삶의 무게를 토로하는 기도였지. "하나님, 이 세상의
모든 사람은 다 하나님의 자녀인가요? 그렇다면 저도
하나님의 아들인데, 왜 누군가에게는 이렇게 가혹하신
거죠? 당신은 편애하는 부모인가요? 제가 무슨 잘못을
했길래 이렇게 힘든 삶을 살게 하시는 거죠?" 그 부분을
읽으며 나는 정훈이 네가 영성 지능이 매우 높다고
생각했단다. 중학교 2학년 학생의 첫 기도 치고는 너무
깊고 근본적이잖니.

　　　영성 지능은 하버드 대학 교육심리학자인 하워드
가드너(Howard Gardner)의 '다중 지능 이론'의 한 지능
영역이야. 여전히 수리력과 언어 능력, 논리력으로만
학생의 수학능력을 평가하는 현행 교육시스템에서
'똑똑하다'는 말은 두세 지능 영역에 제한되어 있지.
그래서 국어, 영어, 수학을 잘하는 학생에게 머리가
좋다고들 해. 하지만 그건 행정력이 필수인 현대 관료제
사회의 필요 인력을 양성하기 위해 선택된 일부 영역의
지능측정일 뿐이야. 가드너는 인간의 지능에 아홉 개의

영역이 있다고 했어. 각 영역을 모두 소개하기는 그렇고, 그중 하나인 '영성 지능'에 대해서 말해볼게. 나는 누구인가, 나는 어디에서 왔는가, 세상은 왜 존재하는가, 어떻게 살아가는 것이 인간다운 삶인가, 이런 질문들을 하고 그 답을 찾는 일에 몰두하는 사람들이 주로 영성 지능이 높은 사람들이래. 같은 사물을 봐도 어느 영역의 지능이 발달했느냐에 따라 생기는 의문이 다른 것이지. 예를 들어 피라미드를 바라본다면 벽돌의 개수가 너무 궁금한 사람이 있는가 하면, 그걸 만드느라 착취되었을 노예들에 대한 연민을 느끼는 사람이 있지. 전자는 논리·수리 지능이, 후자는 대인관계 지능이 높다고 봐야겠지? 똑똑 처마 밑으로 떨어지는 낙수를 보며 누군가는 그 간격이 얼마인지 초를 재고 있고, 다른 누군가는 시상을 떠올리기도 해. 전자에 비해 후자가 예술 창작 지능이 높다는 것을 알 수 있지. 그런데 정훈이 너는 인간 실존에 대한 근본적인 질문을 중학교 때부터 물었다니 영성 지능이 높다고 봐.

수련회에서 너는 기도 중에 갑자기 이상한 기운을 느꼈다고 했어. '엄마 품이 이렇겠지?' 적어도 네가 기억하는 한 엄마가 그렇게 널 따스하게 안아준 적이 없었지만, 바로 이런 느낌일 거라고 확신했다고 했어.

그래서 혹시 누가 나를 안고 있나 뒤를 돌아보았지만
아무도 없었다고. 다시 눈을 감으니 그 느낌이
지속되었는데, 네 말을 듣고 주변 친구들이나 간사님이
모두 확신하며 답했다고 했지. 네가 하나님을 만난
것이라고 말이야.

하지만 정훈아, 만났다는 말에는 여러 층위가
있어. 도시에서 살아가는 우리는 바쁜 일상을 지나면서
수많은 사람들을 만나지. 그건 스쳐 지나가는 만남이야.
물론 물리적으로 만난 것이기는 해. 그중 어떤 만남은
지하철에서 부딪히며 불쾌함을 느낀 만남이었을 수도
있고, 어느 만남은 엘리베이터 문을 잡아주는 기분 좋은
만남이었을 수도 있어. 하지만 이 경우의 만남은 서로에게
큰 의미가 없는 만남이야. 이름도 모르고 다시 만날 일도
없는 만남이니까.

그다음 층위는 어느 정도 지속성을 가진 만남,
혹은 한 번이었어도 나에게 의미를 주는 만남이야. 고3
대학시험을 막 치르고 처음 실험적으로 시도되는
논술고사를 준비하던 겨울에 내가 만났던 첫사랑이 그런
경우였지. 사연이 매우 궁금하겠지만 지면 관계상 자세한
이야기는 생략할게. 다만 나는 1년 정도의 첫 이성 교제를
통해 무언가를 잘 수행해서 사랑받고 인정받는 존재가

아니라 비로소 '있는 그대로의 나'를 사랑할 수 있게
되었어. 그 친구가 나를 그렇게 사랑해주었기 때문이지.
나의 부모님도 무척이나 나를 사랑하셨지만,
그 사랑에는 이유가 있다는 생각을 자라면서 쭉 했었거든.
공부를 잘해서, 교회 봉사를 열심히 해서, 동생들을 잘
돌보아서……. 부모님의 칭찬에는 항상 이유가 있었어.
그런데 나의 첫 남자친구는 "그냥"이라는 말을 참 많이
쓰더구나. 물론 긍정적인 의미에서 말이다. 그래서 그냥
존재한다는 것만으로 사랑받기에 충분하다는 말의 의미를
알게 되었어. '머리에 피도 안 마른 것들'이라는 말을
들으며 부모님에 의해 강제 이별을 당하기는 했지만,
그리고 용기가 없었던 나는 결국 그렇게 부모님 말씀을 잘
들으며 다시는 그 친구를 만나지 않았지만, 내내 그 친구가
내게 주었던 자존감을 가지고 살게 되었어. 이런 경우가
'의미 있는 만남'이겠지?

　　　세 번째는 횟수와는 상관없이 나의 실존을 뒤흔드는,
그래서 나의 미래를 완전히 바꿔버리는 만남이야.
사마리아 우물가의 여인이 그랬지. 예수님을 한
번 만났지만, 그 일로 그녀의 삶이 완전히 달라졌잖니.
터닝포인트가 된 거야. 남편이 여섯이나 있(었)다는
말에서도 알 수 있지만, 우물가의 여인이 '만난' 남자들은

많았어. 하지만 그 남편들은 그녀의 의미가 되지도 못했고 실존적 물음을 채워주지도 못했던 것 같아. 그러니 예수님을 만나서 그분의 영성을 알아차리자마자 자신에게 가장 근본적이었던 질문을 하게 된 것이 아닐까. "우리 조상들은 이 산에서 예배하였는데 당신들의 말은 예배할 곳이 예루살렘에 있다 하더이다"(요 4:20). 이 여인도 정훈이처럼 영성 지능이 높았나 봐. 이 만남으로 이 여인은 물동이를 던져버리고 자신의 마을로 달려가 예수님을 전했지. 이후 사마리아 지역에서 전도자의 삶을 살았다고 해.

정훈이에게 그 수련회에서의 만남은 어느 층위였을까? 정훈이가 그날 느낀 그 포근함이 환상이거나 착각이었다고는 생각하지 않아. 성령님은 실재하시니까. 그냥 스쳐 지나가는 만남도 아니었을 거야. 종종 그 느낌을 다시 경험했다고 하니까. 하지만 네가 하나님을 만났다고 한 말이 너에게 존재의 힘을 부여한 '의미 있는 만남'이었는지, 나아가 너의 미래를 바꾸는 '실존적 만남' 이었는지, 그건 잘 모르겠어. 행여 반복적인 느낌에서 머문 것은 아니었는지. 물론, 이후 네가 겪었던 일들은 감히 내가 헤아릴 수 없을 만큼 가혹했어. 할머니의 죽음, 결국 발생한 부모님의 이혼 그리고 의지가 되었던 유일한

존재인 동생의 사고사까지……. 겨우 열다섯 살인 정훈이가
감당하기에는 너무 버거운 시련이었어. "하나님이
계시다면 어떻게 이런 일들이 계속 나에게 일어나는
거죠?" 정훈이가 그런 의문을 가지게 된 과정과 상황을
이해하면서도, 아주 조심스럽게 이런 말을 하게 되는구나.
어쩌면 정훈이는 계속 하나님을 느끼기만 했던 것 같아.
하나님은 보이지 않지만 우리 곁에 늘 계시거든. 중세
신학자들처럼 신 존재 증명을 하든, 은사체험자들처럼
생생한 느낌으로 경험하든 아니면 무신론자들처럼
논리적, 과학적으로 부정하든 생명의 근원이자 바탕으로서
하나님은 늘 존재하셔. 다만, 실존적 답을 얻기 위해서는
그분을 '알아가는' 단계가 필요한 것 같아. 이것은 결국
정훈이의 몫이란다. 나도 함께 중보할게. 정훈이의
'하나님을 아는 지식'이 더욱 깊어가도록. 그래서 너의
인생에 대한 해답을 하나님으로부터 받을 수 있도록.

사후세계가
존재하나요?

정훈아, 한 친구에게 두 번 편지를 쓰기는 처음이구나. 너의
질문이 정확히 사후세계에 대한 것은 아니었지만, 참고
또 참고 버티고 또 버티다가 너를 결국 무너뜨렸던 일이
동생의 죽음이었기에, 다른 친구들의 질문과 더불어 이
부분을 함께 이야기해 보려고 해. 너와 나누었던 주제를
연결하여 말한다면 '존재의 돌아감'에 대한 이야기이지.
사후세계가 있는지 궁금하다는 질문을 자주 받아. 그저
흥미나 단순한 궁금증에서 묻는 친구들도 있지만, 너처럼
누군가의 죽음과 연관된 간절한 질문인 경우가 많았지.
어린 동생을 그렇게 급작스레, 그것도 끔찍한 사고로
떠나보내고 다시 만날 확신과 기대 없이는 남은 날들을
버틸 힘이 없다고 넌 말했어. 그 비극적인 날 이후 어느덧
7년, 결코 아픔이나 그리움이 작아지는 건 아니겠지만
그래도 찬찬히 '돌아감'에 대한 성찰을 할 수는 있을 것

같아서 이렇게 편지를 쓴다. 무엇보다 첫 번째 대답을
메일로 보낸 이후 이어졌던 두 번의 면담을 통해 알게 된
정훈이는 감성형이기보다는 이성형에 가깝다는 느낌이
들어서, 너와 이 문제를 이성적으로 차근차근 짚어가며
생각해야겠다 싶었어.

사후세계를 믿을 수는 있어도 증명하기는 힘들다는
것을 정훈이도 알 거야. 물론 천국에 다녀왔다는 사람들의
증언이 있지. 《내가 본 천국》 류의 책들 말이다. 물리적으로
'임사체험'이라 불리는 죽음의 문턱까지 다녀온 사람들의
이야기이지. 이들의 이야기는 꿈이나 환상으로 본 모습을
전한 사람들의 이야기와는 좀 다른 것 같아. 꿈이나 환상은
객관성을 가지기는 힘들지. 꿈은 상상력이 무한할 수
있는 세계잖니. 꿈속에서 우리는 하늘을 날기도 하고 다른
모습으로 변하기도 해. 물론 그런 '증언'을 하시는 분들을
사기꾼이나 허언증이라고 비난하는 건 아니야. 다만
지극히 주관적인 환상 체험을 근거로 사후세계는 있으며
그들이 본 대로의 모습을 실재라고 보편화하기는 어렵다는
말이지.

반면에 임사체험의 경우는 본인들이 물리적으로
직접 경험한 것이니 듣는 이들도 신기해하고 믿는 이들도
제법 있어. 과학자들은 이 현상을 실증적으로 연구하기도

하지. '임사체험'이란 의학적으로 병이나 사고로 인하여 뇌에 산소 공급이 일시 멈추었을 때라든가, 심장이 잠시 멈추었다가 의학적인 처치로 다시 뛰게 되는 사이 시간 등 짧게나마 죽은 것 같은 상황에서의 경험이야. '체험'이라는 말을 썼지만 누구나 체험할 수 있는 일도 아니고 실험을 할 수도 없는 영역이지. 실험을 하려면 그야말로 죽기 일보 직전까지의 상태를 만들어야 할 텐데 그러다가 정말 죽으면 큰일이니까. 아무리 의학 기술이 발달해도 이런 실험을 본격적으로 하지는 못할 것 같다. 하지만 예상치 못하게 극적 상태를 경험했던 사람들이 다시 살아나서 자신이 체험했던 걸 이야기하는 사례들이 있어. 의료기술이 발달한 요즘엔 CPR이나 첨단 장비들로 인해 살려낼 가능성이 증가했잖니. 그들은 커다란 밝은 빛을 보았다거나, 어두운 터널을 통과하다가 마침내 빛으로 나아갔다거나, 심지어 죽은 가족들을 다시 만났다고도 하지. 하지만 빛과 어둠의 대비 같은 시각적, 감각적 경험 이외에 구체적인 스토리는 의학적으로 신빙성이 없대. 향정신성 약품을 먹으면 정신이 몽롱해지고 환각 증세를 보이는 것처럼, 몸이 제대로 된 기능을 할 수 없는 극단적 상황에서는 뇌의 작용도 정상적일 수 없잖니. 그럴 때 환각에 가까운 경험을 할 수 있다는 거야.

임사체험 당시의 기억들이 사라지지 않고 생생한 분 중에서 신앙을 가진 이들은 이를 '천국 체험'이라고 믿는단다. 영롱한 색깔이나 밝은 분위기로만 묘사하는 사람들도 있지만, 아주 구체적으로 자신이 '천국'에서 보았던 건물이나 사람들을 기억하기도 한대. 그런데 신기한 건, 그 묘사가 대부분 체험자의 문화권에서 익숙한 것들이라는 사실이야. 예를 들어 서양권의 사람은 주로 서양식 건축물들을 보고 서양 옷을 입은 사람들과 만나지. 물론 본인들 입으로 서양식이라고 하지는 않아. 하지만 묘사하는 내용을 보면 그래. 문의 입구나 거실, 2층으로 올라가는 계단, 천정의 샹들리에 등 동양의 가옥구조와는 거리가 멀지. 복식도 마찬가지고. 한편 우리나라 신자의 경우는 우리 문화권의 묘사로 가득해. 기독교인임에도 도가적인 무릉도원과 흡사한 이야기를 하는 분들도 있고, 심지어 불교의 서방정토 느낌이 나는 묘사도 있어. 이런 것들로 유추할 때 그들이 경험한 천국이 과연 실재하는 공간인지 아니면 잠재의식이나 무의식의 발현인지 논쟁의 여지가 생기는 거야.

그나마 이렇게 밝고 아름다운 천국 이야기만 있다면 그것이 임사체험 당사자의 뇌에서 생겨난 비일상적 경험이든 실재이든 살아 있는 사람들에게 두려움으로

다가오지는 않을 거야. 그런데 간혹 지옥에 다녀왔다고
증언하는 경우가 있어. 하긴 지옥에 대한 묘사는 성경에도
있지? 대표적으로 예수님께서도 지옥이라는 말을
사용하셨어. 마태복음 23장 33절을 볼까? "뱀들아 독사의
새끼들아, 너희가 어떻게 지옥의 판결을 피하겠느냐."
산상수훈에서도 사람들을 향해 추호령을 내리시며
눈으로, 손으로 죄를 짓게 된다면, 차라리 한쪽 눈과 한쪽
손을 버리고 지옥에 던져지지 않는 것이 낫다(마 5:29-30)
고 하셨지. 지옥이 어떤 곳인지 세세하게 묘사한 것은
아니지만, 눈과 손을 잃더라도 가지 말아야 할 곳이라는
점으로 미루어 보아 견디기 힘든 저주의 공간임은 유추할
수 있어. 마가복음 버전에서는 '구더기도 죽지 않고 불도
꺼지지 않는 곳'(막 9:48)이라는 묘사가 덧붙어 있기도 해.
아, 예수께서 비유로 말씀하신 '부자와 나사로 이야기'
(눅 16:19-31)도 있구나. 부자가 죽어서 간 지옥을 불꽃 때문에
뜨겁고 목마른 공간으로 표현하셨어. 갈증과 뜨거움으로
고통받던 부자가 오죽했으면 아브라함의 품에 편안히
안겨 있는 나사로를 보며 간청했겠어? 손가락 끝에 물을
찍어 혀에 대기만 하게 해달라고 말야. 하지만 엄격하게
분리된 천국과 지옥은 편의에 따라 이동 가능한 연결점이
전혀 없다고 묘사되지. 그러니 사후세계에 대한 두려움이

생기는 건 당연한 일일 거야. 더구나 천국과 지옥 교리로
신자들을 통제하고 조종했던 중세 가톨릭과, 그 공포감은
그대로 유지한 채 결정권을 교회 의례에서 신자의 신앙
상태로 옮겨온 개신교를 통과하며 신자 개인의 불안감은
더욱 가중되었어.

   "어랏? 천국과 지옥이 없다고 말씀하시려는 건가요?"
그런 생각이 들기도 하겠다. 설마, 내가 뭐라고 그런
이야기를 확증할 수 있겠니? 그건 살아 있는 인간이 말할
수 있는 영역이 아니야. 믿을 수는 있지. 다만 나처럼
그리고 어쩌면 너처럼 매사에 이성을 끝까지 밀고 가면서
신앙하는 신자의 경우는 '죽음'에 대한 유대-기독교적
사상의 계보학을 되짚어 보는 과정이 도움이 될 수 있다고
생각해. 사실 초기 유대교에서는 천국과 지옥이라는
대립적 공간은커녕 사후에 가게 되는 또 다른 세계에
대한 사상도 없었어. 구약성경에 '스올(음부)에 내려간다'
는 표현이 있지만, 음부(陰府)는 글자 그대로 보이지 않는
어두운 영역을 의미했지. 그냥 땅에 묻히는 것 이상도
이하도 아니었어. 예를 들어 요셉을 시기한 형들이 야곱을
이집트에 팔아먹고 그 채색옷에 피를 묻혀 아버지께
거짓 고백을 했을 때 "그 모든 자녀가 위로하되 그가 그
위로를 받지 아니하여 가로되 내가 슬퍼하며 음부에

내려 아들에게로 가리라 하고 그 아비가 그를 위하여 울었더라"(창 37:35)라고 표현되어 있거든. 그러니까 요셉이 음부에 내려갔다고 본 것인데, 그렇다면 음부를 지옥이라고 보기는 어렵겠지. 요셉이 악인은 아니니까.

　　음부가 악인들이 가는 곳이라는 사상은 후기 유대교 문서에서 발견되는데, 욥기라든가 지혜 문학, 다니엘과 같은 본문이야. 정치적, 문화적으로 오랜 기간 피식민지였던 유대의 역사를 고스란히 반영하는데, 특히나 페르시아 종교의 영향을 많이 받았어. 그러니까 사후에 영이 살아서 무언가를 경험한다는 것은 독자적인 유대 사상은 아니라는 말이야. 그런데 히브리어로 기록된 구약성경의 헬라어 번역본인 70인 역에서 스올을 '하데스'로 번역했거든. 번역이라는 것이 언제나 그렇듯 두 문화 모두에 꼭 들어맞는 어휘란 없단다. 가장 비슷한 단어로 번역하는 과정에서 출발 언어(히브리어)가 가지고 있던 사상이 온전히 전달되지 못하고 도착 언어(헬라어)가 가지고 있던 새로움이 흘러 들어오는 것이지. '하데스'는 그리스 문화의 내세 사상이 담긴 용어인 까닭에 자연스레 용어가 가진 내용까지 함께 섞이게 된 거야. 헬라 사상에서 하데스는 심판이 이루어지는 곳과 보상이 이루어지는 곳, 두 영역으로 나뉘어. 하지만 후기 유대인들은 '하데스'를

악인이 가는 곳이라 생각했단다. 물론 지옥을 문자적으로
말하는 히브리어 '게헨나'까지 끌어들여 구분하며
설명하면 더 복잡해지는데, 이건 더 깊은 이야기라
여기서는 생략할게. 예수님께서도 후기 유대교의 맥락
안에서 사셨으니까 음부든 지옥이든 혼합된 전제를 가진
청중에게 다가가는 비유로 말씀하셨다고 생각해. 결국
지옥에서의 형벌 중 유난히 '꺼지지 않는 불'이 등장하고
목마름, 배고픔, 위협이 되는 벌레, 반복되는 살육과 같은
말들이 나오는 것은 현재를 살아가는 인간이 경험하는
가장 고통스러운 상황들이 영구적으로 있다는 생각이겠지.

　　그런데 천국과 지옥의 실재를 놓고 사람들의 현재를
통제하고 위협하는 것보다 더 중요한 핵심은 '돌아감'
이야. 우리는 여호와께 돌아가면 되는 거지. 공자는
내세에 관한 질문을 받았을 때, 이 땅에서 사는 문제만
해도 과제가 많은데 사후는 자기 관심사가 아니라고 했어.
하지만 예수님께서는 분명히 사후의 문제에 관심하셨고,
내가 이해하는 바 그 핵심은 이 땅에서 여호와의 뜻대로
살아감으로써 평안한 상태에서 여호와의 품으로
돌아가라는 교훈이었다고 믿어. 이렇게 볼 때 전도와
선교는 사람들이 여호와를 아는 지식이 충만하여 사는
동안 여호와와 동행하며 이 땅에서 삶의 문제들을 넉넉히

이겨내는 힘을 얻게 하는 거야. 죽음이 두렵지 않은 이유는 그런 삶을 다 마친 뒤에 드디어 여호와께로 돌아가 평안히 쉴 수 있다는 것 아닐까?

산 날수의 길고 짧음은 여호와의 시간에서는 크게 차이 나지 않아. 여로보암은 어렵게 쟁취한 왕위를 이을 아들이 시름시름 앓자 아내를 변복시켜 선지자 아히야의 신탁을 구하게 했었지. 하지만 그녀가 누구인지 이미 알고 있었던 아히야는 여로보암이 원했던 답보다 훨씬 근본적인 이야기를 전해. "네 아들은 곧 죽을 것이다. 그런데 그것은 벌이 아니다. 그 아이는 하나님 여호와를 향하여 선한 뜻을 품었던 아이다. 그래서 행악만을 일삼는 너의 집안 중에서는 유일하게 무덤에 제대로 안장되고 사람들의 애도를 충분히 받을 것이다"(왕상 14:6-16). 이게 무슨 말일까? 수명은 오직 하나님께 있고, 부르실 때 돌아갈 뿐이니 그건 산 사람들의 근심과 관심일 필요가 없다는 것이지. 수명이나 언제 어떻게 죽느냐 하는 것은 인간의 문제일 뿐, 정말 중요한 것은 삶이 지속되는 동안 제대로 사는 거야.

"그럼 험하게 죽은 사람들은 다 벌받은 것인가요?" 아히야 본문만 본다면 정훈이가 특히나 애통하며 가질 질문이겠지. 악한 뜻을 품은 것도 아니요 그런 길을 걸은 적도 없는 동생이었으니까. 하지만 이 역시 사람들의

기준이라고 생각해. 우리가 복 받았다고 말하는 인간의
생애사적 상태 말이다. 죽음에 있어서는 건강히 잘 살다가
자는 듯 가는 것이 최고의 복이라고들 하지. 초록불에
안전하게 횡단보도를 건너던 동생이 질주하는 트럭에
치여 현장에서 사망한 사건을 그런 기준으로 판단하려는
사람들이 있을 수도 있어. 하지만 그건 명백히 운전자의
잘못이야. 동생은 희생자일 뿐이지. 거기에 어떤 영적인
인과관계도 없어. 굳이 원인을 찾자면 그 운전자가
전날부터 밤샘 운전을 했다는 것, 과로한 상태에서
휴대폰을 조작하며 전방 주시를 안 하고 달렸다는 것,
더구나 주거지역이었음에도 속도를 줄이지 않았다는 것
등이겠지. 그것에 대한 결과가 무고한 생명의 죽음이었던
거야. 동생에게는 그런 끔찍한 죽음을 맞이해야 할 어떤
원인도 없었어. 우리 나사로의 평안을 믿어보자꾸나.
나사로가 사는 동안 고통받고 힘겨웠던 나날들을
보상받으며 아브라함의 품에 안겼듯 여호와께 돌아가 쉼을
얻고 있을 동생의 구원 상태를 믿으며, 너의 남은 생애
역시 주와 동행하며 늘 평안하기를 기도한다.

에필로그

현실 속에서, 옳은 길을 찾기 위한 나침반을
다시 발견한 기분입니다

대학 진학을 위해 지방에서 올라온 제게 '서울 엄마'를
자처해주신 교수님, 제가 지금까지 교수님을 존경하는
이유를 알고 계신가요? 소유와 권위, 재능을 나누라고
가르치셨던 교수님의 '삶' 때문입니다. 작은 시골 마을에서
고등어 두 마리를 받고 특강을 하셨던 것, 힘들어하는
학생들을 물심양면 도우셨던 것, 공격받을 수 있는 민감한
주제에 대해서도 소신껏 말씀하셨던 것……. 이 작은
공간에 다 적을 수 없지만 가르친 대로 살고, 살려내셨던
교수님의 수많은 시간과 얼굴이 제 마음에 남아 있습니다.
그렇게 제게 진한 가르침을 주신 교수님의 모습을 이 책
속에서 다시 만나니 반갑고 뭉클합니다. 여전히 학자로서,
선생으로서, 누군가의 '엄마'로서 용감하게 감싸안고,
지지하고, 가르치며 살려내고 계시더군요. 책을 읽으며
다시 한 번 돌아보았습니다. '나 배운 대로 잘 살고 있나.'
이 책을 읽으며 제가 처한 현실 속에서, 옳은 길을 찾기 위한
나침반을 다시 발견한 기분입니다.

제자 김형오

그 다짐은 포기하지 말아야 하는 것인가 봅니다

수많은 의문을 건강하게 마주할 힘을 얻었던 날들, 그 가을의 햇살과 공기가 담긴 강의실 풍경을 아직도 잊지 못합니다. 무조건 믿거나 신앙의 뿌리를 부정하지 않고도 생각할 수 있는 방법을 배웠고, 그 생각이 폭력이나 상처가 되지 않을 수 있다는 것, 무엇이라도 안심하고 물을 수 있다는 것을 알게 되었던 시공간이니 잊을 수가 없지요. 이 책을 읽으며 그때의 제가 생각났습니다. 책 속에서 교수님께 삶의 고민을 던진 이들처럼 15년 전 새벽, 저 또한 긴긴 메일을 적어 보냈었어요. 그때의 저는 교수님께 '나로 존재하기 위한 용기'를 얻으며 배운 대로 살자고 다짐을 했었습니다. 시간이 지나 내가 나일 수 있는 순간이 적어지고, 다짐했던 마음이 낭만이었다고 느껴지는 순간이 많아지는 일상을 살고 있지만, 이렇게 다시 교수님을 책으로 만나게 된 것을 보니 그 다짐은 포기하지 말아야 하는 것인가 봅니다. 많은 독자께서도 이 책이 건네는 '나로 존재하기 위한 용기'를 얻길 바랍니다.

제자 신화경

187

이 책 속에서 성장하며 살아낼 용기를 얻기를 바랍니다

교수님은 아마 강의실에서 저와 처음 만났다고
기억하시겠지만, 사실 저는 그보다 훨씬 전에 책으로 교수님을
만났답니다. "여성은 교회 안에서 순종하라, 잠잠하라"는
설교를 들으면서도 한 여성이자 성도로서 올바른 기독교
가치관을 세우려고 애쓰던 때였어요. 그 이후 강의실에서
우연히 교수님을 만나게 된 것이고요. 그 인연이 교수님의
유튜브 채널 편집자로 이어져 강의실 맨 앞자리에서 수업을
듣던 제가, 지금까지도 교수님의 강의를 가장 먼저 듣는
특권을 누리고 있네요. 이 책을 읽으며 여성으로서 그리고
그리스도인으로서 건강한 '나'를 세워가려고 교수님의 책
속으로 빠져들었던 시간이 소환되었습니다. 그 시간을 지나
지금에 이르렀다는 감사와 따뜻함, 행복이 잔잔히 밀려와
코끝이 시큰했어요. 애쓰고 몸부림치는 중에 이 책을 집어든
독자가 있다면 이 책을 통해 성장하며 살아낼 용기를 얻기를,
언젠가는 제가 느끼는 이 감사와 따뜻함, 행복을 느끼게
되기를 바랍니다.

제자 박시영

나는 자유로워도 되는 사람이었구나

교수님은 첫 수업에서 자신을 '학교 엄마'로
생각해달라고 하셨지요. 그 마음을 모르는 것은 아니었으나
기대에 미치지 못하는 나 때문에 실망하시지는 않을까
부담을 먼저 느꼈었습니다. 그래서 다른 어떤 수업보다
더 열심히, 더 성실하게 임했고, 그 덕분에 저는 자유를
얻었어요. 진리라고 믿어왔던 것들이 시대에 따라 변화해
왔으며 앞으로도 얼마든지 변할 수 있다는 것을 깨닫는
순간, 한국교회가 이상적으로 생각하는 신앙인의 틀에
나를 맞추지 않아도 괜찮았기 때문입니다. 어느 날은
"진리가 너희를 자유케 하리라"라는 학교의 슬로건을
보고도 왈칵 눈물이 났었어요. '아, 나를 자유케 하지
못했던 것들은 모두 진리가 아니었구나. 나는 자유로워도
되는 사람이었구나.' 하는 생각이 들었기 때문입니다.
이 책에서도 여전히 달걀껍데기를 쪼아주는 어미닭처럼
독자들의 틀을 두드리고 계시는 교수님의 모습을 봅니다.
이 책을 읽는 많은 분들이 자신의 껍데기를 깨고 나올 수
있기를 기대합니다.

제자 노아라

저의 지난 이십 대를 읽는 것 같았습니다

교수님을 처음 만나 뵈었던 20대 초반, 저는 '총체적 난국'의 상태였어요. 입학을 위해 선택한 전공은 적성과 맞지 않았고, 생계 문제도 저를 고달프게 했었죠. 따뜻했지만 보수적이었던 교회에서의 신앙생활에도 회의감을 느끼던 그 시절, 교수님과의 만남은 제게 해방이었습니다. 수업 뿐 아니라 청년부 성경공부까지 참여하며 교수님께 고민을 토로했던 것도 그 때문이었어요. 그 시간 동안 저는, 우리의 하나님 이해는 불완전하기에 끊임없이 질문하고 성찰해야 함을, 그럴 때 느끼는 불안은 살아 있는 자유인이자 신앙인의 숙명임을 받아들이게 되었습니다. 그리고 그때 얻었던 '나로 살고, 나로 존재할 용기'로 결혼과 해외 이주, 진로 변경이라는 불확실한 삶을 잘 살아내고 있습니다. 이 책에서 저의 지난 이십 대를 읽는 것 같았습니다. 그 긴 고민의 시간을 함께해주신 교수님이 늘 건강하시기를 바라는 마음뿐입니다.

제자 양수빈

그 진솔한 마음이 독자들을 위로할 것입니다

사람 대 사람. 교수님을 처음 만났을 때부터 느꼈던 교수님의 태도였습니다. 그렇게 제게 다가오셔서 교수님이 겪으신 삶의 곡절을 솔직하게 들려주셨을 때, 제가 가진 특유의 방어 태세는 무너지고 말았어요. 그 이후로 저는 기독교학과 학생도, 대학원 제자도 아니었지만 교수님을 쫓아다니며 열심히 수업을 들었습니다. 강의 자료가 전문성뿐 아니라 정성과 마음을 담은 편지처럼 느껴져서 지금까지도 간직하고 있고요. 남들보다 일찍 결혼한 제가 엄마가 되었다는 소식을 들으시고 보내주신 책은 밑줄을 그어가며 읽었습니다. 주저없이 자신의 이야기를 들려주시며 저를 일으키신 교수님의 위로가 너무나 필요했기 때문입니다. 저는 이 책을 읽으면서도 인문사회학자로서 수많은 '당연'을 '선택'으로 만들어 자유와 책임을 선물하며, 선생의 가르침과 어른의 위로를 건네고 계신 교수님을 발견합니다. 제가 경험했던 교수님의 그 진솔한 마음이 독자들에게도 위로로 가닿을 것이라고 생각합니다.

제자 임영선

사실은 당연하지 않은 것들

Taken for Granted

지은이 백소영
펴낸곳 주식회사 홍성사
펴낸이 정애주
국효숙 김의연 김준표 박혜란 손상범
송민규 안지애 오민택 임영주 차길환

2023. 2. 16. 초판 1쇄 인쇄   2023. 2. 27. 초판 1쇄 발행

등록번호 제1-499호 1977. 8. 1.
주소 (04084) 서울시 마포구 양화진4길 3
전화 02) 333-5161 팩스 02) 333-5165 홈페이지 hongsungsa.com
이메일 hsbooks@hongsungsa.com 페이스북 facebook.com/hongsungsa
양화진책방 02) 333-5161

ISBN 978-89-365-1557-7 (03230)